【醫療】
MEDICAL
【人文】

特別感謝

《百歲醫師以愛奉獻——楊思標教授的醫者之路》一書的完成，承蒙陳寶玉女士、郭壽雄教授、李仁智醫師、鄭麗娟女士、王琬資女士、林美如女士、小涵媽媽、楊錫欽教授、楊錫銘博士、李春興博士、侯棠碩先生等人受訪、提供資料或照片，特此銘謝。

百歲醫師以愛奉獻

楊思標教授的醫者之路

經典

攝影/李玉如

上圖：楊思標的父親楊良先生與母親楊吳月女士。

（照片提供/楊錫欽）

下圖：1945年，楊思標與張雲鬟女士結婚，圖為夫婦儷影。

上圖：楊思標家族合影，第二排右三起：楊思標先生及其父親、祖母、母親。

下圖：楊思標的父親楊良(第一排右二)參與文化協會活動。

上左圖：1973年，楊思標夫婦於五峰旗瀑布合影。(照片提供/楊錫銘)
上右圖：楊妻張雲鬟女士與子女，前排左一為長女楊葆萩；
中排左一起：長子楊錫釗、次子楊錫欽。　　(照片提供/楊錫欽)
下圖：楊思標帶一家大小遊碧潭，前排右至左：長女楊葆
萩、楊思標先生、次子楊錫欽。　　　　　(照片提供/楊錫欽)

右圖：楊思標與夫人張雲鬢中年時代儷影。

下圖：楊思標家人春節合影。後排左起：長子楊錫釧夫婦與孩子、次子楊錫欽夫婦與孩子、三子楊錫銘。　（右、下圖提供/楊錫銘）

上圖：臺北高等學校入學理科同班同學紀念照，最後排右四
為楊思標先生。

下左圖： 青年時代的楊思標先生與同班同學杜詩綿先生。

下右圖：青年時代的楊思標先生。

上圖：1961年，楊思標先生(第一排左五)與臺大醫學院醫技系師生合影。

下圖：臺大醫院內科同仁合影，楊思標教授(第一排左四)與其好友宋瑞樓教授(第一排左二)。

上圖： 1964年，楊思標與夫人張雲鬢、學生林吉崇(右一)訪問日本。

下圖： 1971年，楊思標教授主持國內首次國際醫學學術會議——第二屆亞太胸腔病學會議。

上圖：1978年，楊思標帶領學生赴日本參與第13屆世界胸腔學會。右起：郭壽雄醫師、張忠孝醫師、楊思標教授、楊錫欽醫師。　　　　　　　　　　　　　　　（照片提供/郭壽雄）

下圖：1988年，楊思標教授(左三)任中沙醫療團團長期間出訪沙烏地阿拉伯。

上圖：楊思標教授任臺大醫院院長期間攝於辦公室。

下圖：1980年，楊思標教授陪同ABMAC(American Bureau for Medical Advancement in China)的Dr. Harris教授拜會衛生署張博雅署長。

上左圖、上右圖：1984年，楊思標教授與陳寶玉女士結婚，圖為夫婦近影、楊思標夫婦逗樂曾孫。

下圖：2013年，楊思標家族合影，前排中為長女楊葆萩，後排左起：孫子Abrer、長女夫婿王鵬南醫師、楊錫欽夫婦。

上圖：1989年，慈濟護專創校開學典禮，首任校長楊思標教
授致詞。　　　　　　　　　　　　　　　（照片提供/慈濟基金會）
下圖：楊思標夫婦帶領第一屆慈濟護專學生爬山踏青。右一
為楊思標校長，二排左一為楊妻陳寶玉女士。

上圖：楊思標校長(後排左三)與靜思精舍德慈師父(後排左四)、護
專學生及懿德媽媽合影。　　　　　　　　　　　　　　（照片提供/慈濟基金會）

上圖：2017年，楊思標教授與慈濟護專第一屆師生重遊護專
(已更名為慈濟科技大學)合影。　　　　　　　　　　　　（攝影/李玉如）

上圖：2017年9月底，慈濟護專第一屆學生宴請楊思標夫
婦，歡慶教師節。　　　　　　　　　　　　　　　　　（照片提供/王琬資）

上圖：花蓮慈院同仁為楊思標教授(左)歡慶92歲生日，圖右為慈濟醫療志業執行長林俊龍先生。　　(照片提供/慈濟基金會)

下圖：楊思標教授(右二)出席花蓮慈濟醫院25周年慶系列活動，歡欣致詞。　　(照片提供/慈濟基金會)

上圖：楊思標教授(右)歡喜響應花蓮慈院回歸竹筒歲月運動，圖左為花蓮慈院林欣榮院長。 （照片提供/慈濟基金會）

下圖：2017年，楊思標教授依然在花蓮慈院的診間教授學生如何判讀胸腔X光片。 （攝影/李玉如）

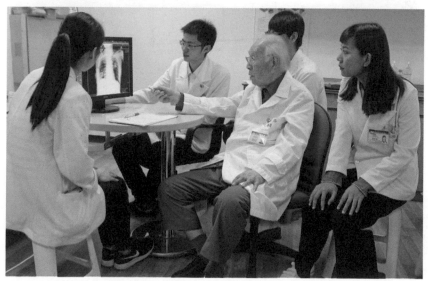

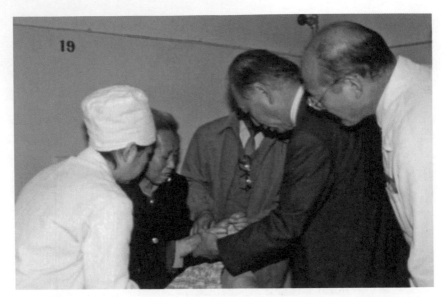

上圖：2001年，楊思標教授(右二)訪問北京，於中國北京鐵路總醫院看診教學。

下圖：楊思標教授(右四)與臺灣養生保健協會秘書長李春興博士(左二)協助貴州偏遠地區興建衛生室。　　(照片提供/李春興)

＊本書未標示照片提供者，皆為楊思標教授所提供，特此感謝。

人醫人師 百歲典範

釋證嚴 佛教慈濟功德會創辦人

　　2017 年 8 月，花蓮慈濟醫院剛剛度過三十一週年慶。回想當初萌念建院，真是辛苦備嚐，既沒有資金、也沒有人，居然敢發願要在東部啟建醫學中心規模的醫院？幸好慈濟人一路相挺；有的寧願賣身為傭向老闆預支三年工資，也有每天清晨四點多就去清掃華中橋，將工資匯入建院功德海；更有許多菩薩憑著一股愛師父的熱情，見人就說慈濟，將人從北部、中部、南部迢迢帶來花蓮，看看正在興建中的醫院工地。每位菩薩都是說慈濟、做慈濟，身上充滿慈濟的細胞；就是這股沛然莫之能禦的愛的力量，所以，雖然每十五天就得付一次工程款，幸好也都不曾延遲過。

　　興建硬體的資金有了眉目，但人才呢？要到哪裡訪求肯來醫療沙漠的花蓮奉獻長才的醫護人員呢？很

感恩因緣就是如此不可思議！因為慈濟委員靜映的乾爹正是當時臺大醫院的副院長曾文賓教授，而牽起慈濟與臺大建教合作的契機。包括時任副院長的杜詩綿教授，以及院長楊思標教授，先後都投入慈濟的建院大業。

當時臺大為提高準醫師來花蓮的意願，訂立一個特別條款，凡是來花蓮慈院服務兩年的醫師視同派去建教合作的沙烏地阿拉伯支援醫療，兩年服務結束回到臺大，立即升任主治醫師。即便如此，除了現任花蓮慈院名譽院長陳英和以外，醫師來花蓮的意願並不高，只好用輪派方式支援花蓮慈院，度過兩年慘澹經營的歲月。其中，最要感恩楊思標教授用心維護慈濟，還有外科主任陳楷模教授連續派出高徒支援外科系統。

1988 年，慈院啟業兩週年，一批臺大優秀的年輕主治醫師，如郭漢崇、簡守信、蔡伯文、趙盛豐等等相偕來花蓮奉獻長才。就是這批生力軍的投入，奠定慈院醫療的口碑；相信其中定有楊教授的促成和鼓勵。

同年七月底，慈濟護專舉行動土典禮。因為花蓮

地處偏遠，醫院啟業之後，求才的困境並未改善；尤其東部原住民少女，因為缺乏就學、就業管道，被賣到西部，在底層艱難討生活。心想若能在花蓮啟建護理專校，既能為醫院解決人才荒的問題，在地的學子也能憑著一技之長安心就業。

土地取得不易，要招募老師、校長更是困難。剛巧楊思標教授從臺大醫院榮退，於是敦請楊思標教授先行代理第一任的護專校長；感恩楊教授慨然允諾，願意承擔的這分情，協助羅致護理教育人才，培育花蓮在地的護理師。

慈濟護專在歷屆校長認真辦學下，於 1999 年改制升格為「慈濟技術學院」，2015 年改名為「慈濟科技大學」，慈濟辦學扎實，每次評鑑都是最優通過。很感恩現在慈濟所培育的護理人才，不只在六家慈濟醫院承擔臨床工作，甚至都當上老師、醫院主管，而在臺灣各地醫院服務的校友口碑也都非常好，大家都很喜歡慈濟培育出來的白衣大士。

其實，楊教授本身就是胸腔科的權威，專長於肺病、肺結核及肺癌的治療。他一心一意，希望提升保

護肺部，加強肺病的治療效果。他常跟我提起，如何訓練慈濟志工到罹患肺病者的家庭，叮嚀並教導病患要按時服藥。既已確診開藥，病患卻不肯按時服藥，病要能治癒可謂難上加難。尤其肺結核這種慢性病，除了按時服藥以外，病患也要有足夠的營養；其實，只要方向擬定，慈濟人也很樂意配合。後來，楊教授的高徒李仁智醫師也來到慈院服務，努力推展「肺結核都治」計畫，由專人每天把藥送到病患家中，直到病患服藥完畢，方才離開。此正是落實楊教授想要幫助病患擺脫肺結核的根本精神。

此外，楊教授把握時間，用心精進新知的精神，也是我們後輩學習的典範。記得楊教授還在臺大醫院服務，前往拜會時，曾經提起中西醫合併的可能，當時他還不大認同中醫；但是經過一、二十年的研究探討，他發現中醫的診斷、把脈、針灸、藥草等等，對人體是最好的調適。中西醫互通無阻，中醫加入醫療，也是一種環保，又能對症下藥。從此，他每一次來花蓮開會，總是不斷提起中醫輔弼西醫的妙用，也很關心慈濟大學後中醫學系要如何與現代醫學合作發展。

感恩楊思標教授、杜詩綿院長、曾文賓院長，陪

伴慈濟醫療與教育志業走過艱辛歲月；雖然杜院長謝世得早，但他們三位在慈濟醫療志業開始起步時，都扮演著很重要的角色。歲月如流，時光不再，活著的每一天就要把握時間，為人群付出。

　　楊思標教授年事雖高，身體還算硬朗，每星期五依舊遠來花蓮慈院，看門診、教學或開會；直到 2015 年 5 月，他循例來到花蓮慈院，突然身體不適，被我們的醫師也是他的學生強迫住院好幾天。出院後，醫師用救護車護送他回臺北調養，但楊教授被迫休息十天左右，就迫不及待要如期回來參與慈濟的會議，樂在教學，繼續傳授他寶貴的臨床經驗。其實，他不用多說什麼，只要看到他拄著拐杖出現，就是對年輕醫師最好的身教。將近百歲的長者，還是那樣地堅毅、樂在付出，實在很令人感動。「桃李不言，下自成蹊」，期待後來者緊緊追隨楊教授的腳步，把握每一天為社會人群付出。

世紀醫者 仁心育才

林俊龍 慈濟醫療財團法人執行長

　　某次到東南亞國家義診，遇到有位病人，我一摸他的脖子就摸到許多大大小小突出的淋巴結，年輕醫師診斷懷疑是不是癌症引起的？但我研判，應該只是結核病，X光一照，果然沒錯。

　　在臺灣，因為結核病控制得宜，許多年輕醫師都不太有機會直接面對結核病人，不過一旦診療到開放性肺結核病人，就必須立刻將他隔離治療，才能防止傳染擴散。但在第三世界國家，公衛體系不完整甚至還沒有建立，醫界與民眾都沒有隔離病人的概念，確診病人為肺結核之後，醫師只能直接讓病人返家，導致感染擴散，疫情無法控制。其實這樣的狀況，跟三、四十年前的臺灣是一樣的。

　　四十年前在臺灣，肺結核是讓人聞之色變的傳染

病，有不少病人甚至因結核菌感染而喪命。而談到臺灣的肺結核防治，一定會提到楊思標教授的貢獻。

　　楊教授從日治時期習醫以來，即專注在胸腔領域，特別是肺結核的臨床診治、學術研究、大規模的疾病調查及防治，臺灣重要的防癆政策，他幾乎無「疫」不與。更帶著他的子弟兵跑遍全臺灣，舉辦胸腔病學討論會，提升臺灣各地胸腔科醫師對 X 光片的判讀及診療能力，嘉惠全臺的胸腔病人。

　　現今在臺灣，若發現疑似肺結核病人，必須在一週內通報該地衛生主管機關；若確診是傳染性肺結核，就會立刻隔離病人，並且逐一為病人的親友、同事等經常接觸的人做檢驗，以築起最佳防護網。這是臺灣在預防醫學──「公共衛生」上有目共睹的成效，而公衛的第一線執行者，則是各地的衛生所，衛生所的醫護團隊透過衛教、疫苗施打等落實地方的服務，默默防治傳染疾病，守護臺灣民眾的健康，值得全民肯定與鼓勵。

　　楊思標教授及他的學生陸坤泰教授、李仁智主任等人，都曾擔任中華民國防癆協會理事長，在協助

防癆政策的制定與推動上扮演很重要的角色。楊思標教授長年帶著學生們以電話追蹤罹患肺結核的貧病者有沒有確實服藥、回診,以免病人因中斷服藥產生抗藥性而更難醫治。花蓮慈濟醫院的李仁智主任則將世界衛生組織推動的「都治計畫」（Directly Observed Treatment Short-Course, DOTS）引進花東,十二字口訣:「送藥到手、服藥入口、吞下再走」,大大提高肺結核的完治率。

　　楊教授為臺灣醫療界的奉獻,超過七十載,至今仍在第一線教導慈濟大學的醫學生。1978 年,當楊教授擔任臺大醫院院長期間,儘管院務繁忙,依然接下慈濟董事一職（無給職）,並大力支持花蓮慈濟醫院的籌建;而在花蓮慈院啟業後,又協助看診並建立胸腔內科臨床與教學基礎;1989 年,在證嚴法師再度請託下,於臺大醫院榮退後,承擔慈濟護理專科學校（現改制為慈濟科技大學）創校校長的重責大任,萬事起頭難,楊教授除力邀許多北部、西部資深且優秀的老師前來,亦親自授課,注重人文、品德與愛心培育的他,親自帶著學生實地探訪並推動公衛教育,為偏遠

花東培育優秀的護理專才。

　　從花蓮慈院啟業至今，楊教授從未間斷地帶領年輕醫師、醫學生討論病例及胸腔 X 光片判讀，一轉眼已經三十一年了。九十八歲的楊教授老當益壯，依然抱持著行醫救人的初心，製作數張 X 光判讀教學光碟，四處贈送，以身教分享他寶貴的經驗，無私奉獻的精神，堪稱是臺灣醫界的人醫典範。欣聞《百歲醫師以愛奉獻》一書即將付梓，受邀為序，深感榮幸，特此推薦，以饗讀者，無限感恩。

目次

當名醫遇見慈濟

「這張，你們來判讀一下。」滿頭華髮戴著眼鏡的資深名醫楊思標教授，正以電腦螢幕上一張胸腔X光片考驗著醫學系的學生，「心臟有沒有變化？」五位學生一陣觀察討論後，謹慎回答：「好像沒有。」教授提醒：「再仔細看看。」

「有啊，你看這邊，」學生擠近螢幕，眼光跟隨著楊教授的手指，朝向黑白畫面上小小的某處：「這邊，主動脈都硬化了……。」

僅從一張X光片，即可仔細判讀病患全身的身體狀況，精準度八九不離十，這是臺灣胸腔內科權威——楊思標教授讓人歎為觀止的神乎其技，更是他超過四分之三個世紀，對醫療的熱情與貢獻。

楊思標接著對學生解釋，看胸部X光片時，不能只注意肺部是否有異常陰影，骨骼、大血管、心

臟……等，都應該仔細觀察，「如果精準判讀，加上詳細的問診，可以知道患者也許是心臟或胃有問題，不一定是肺部，這樣可以及早救治病人。」

「大部分的老師會直接切入主題，哪裡不正常，哪裡有問題，但是楊思標教授會希望我們更有系統地來看一張X光片；從骨骼、心血管、頸部、氣管、橫膈膜，再慢慢看進肺部。」慈濟大學醫學系五年級的學生蔡侑叡說：「老師希望我們能了解這個疾病對身體的整體系統有沒有造成其他影響，是否有被我們忽略的其他病症，而不是只看病灶。這樣的經驗，其實是很特別的，在我們學習過程中，很少有主治醫師等級的老師願意這樣一步一步的教導我們。」

臺大名醫慈濟緣

學生口中這位很特別的楊思標老師，每次坐上計程車，最大的樂趣就是要司機猜猜他今年幾歲，「七十？七十五？八十？」幾乎沒人猜中過。待他洋洋得意地宣布答案，總讓人驚呼：「九十八歲，不可能吧！」更讓人驚訝的是，拄著一隻拐杖的他，耳聰目

明、思路清晰，還在繼續教導醫學生呢！

　　楊思標教授是國內診治肺結核、肺癌的權威醫師，這位名醫、名教授，是少數同時擔任「臺大醫院」與「臺大醫學院」院長一職，可見他在醫術、教學及行政管理上都有非凡的才華。他在擔任臺大醫院院長期間，大力協助花蓮慈濟醫院的籌辦，從臺大退休後，也將醫師執照、教授證書轉到花蓮慈濟醫院，並擔任慈濟護理專科學校第一屆校長。

　　憶起過往，楊教授說：「我跟慈濟的因緣很久了。」

　　每週四傍晚，他從臺北搭乘火車到花蓮；週五上午八時，準時參加慈濟醫院胸腔科醫師的影像討論會；九時半指導年輕醫師、學生判讀X光片，這個「週週往返花蓮」的例行行程，從花蓮慈院一啟業就開始，持續超過三十年了，至今從未間斷❶。

　　1978年，慈濟醫院籌備之初，國泰醫院的王欲明副院長帶著證嚴法師前往拜訪當時任職臺大醫院院長的楊思標教授，他雖曾聽聞慈濟，但並不熟悉。第一次見到證嚴法師，對她如此清瘦卻有著無比堅定的意

志與大願，印象深刻。

「證嚴法師想在醫療資源匱乏的東部蓋一間像樣的醫院，可以及時救治東部的病患，我一聽，就覺得真好，一定要幫忙！」楊思標將臺大醫院興建時的設計圖、院區規畫等資料，都提供給證嚴法師參考，並隨即邀請身邊大將──杜詩綿副院長及工務組陳清池組長，共同協助慈濟籌備建院事宜。

東部醫療資源匱乏

讓楊思標深深動容，非幫不可的，還有證嚴法師提到的花東貧瘠的醫療現狀。花蓮縣面積四千六百多平方公里，是臺灣第一大縣，當時卻沒有一家醫學中心等級的現代化醫院。早年證嚴法師帶著慈濟功德會會員上山下海，訪視無數困苦個案，深刻體會「貧因病起，病由貧生」，因而在1972年，租下花蓮市仁愛街的民宅，舉辦義診，每週固定兩次為貧病者醫療。

但是接著又發現，義診只能治標不治本，一遇到重病患者只能往西部送。許多命在旦夕的東部人，挺不過翻山越嶺的漫長顛簸，送醫途中已回天乏術。

除此之外，早年民眾就醫需先支付保證金，無力支付者，連看醫生都不敢奢望。「不忍那一幕幕翻山越嶺，半暝為了親人的性命扛著走的情景」；不忍因保證金而無法看病的窮人，證嚴法師在心底立下弘願：「唯有建設醫院，才是徹底的救濟」，不讓花蓮成為醫療上的孤島。

　　證嚴法師建院過程，千辛萬苦，好不容易申請核可動工的土地，突然接到軍方通知，該地為軍事預定地，必須停工。所幸，在眾志成城下，又找到新的土地，開啟希望。當時擔任花蓮慈濟醫院籌備董事的楊思標也曾前往花蓮勘查土地，楊思標的夫人陳寶玉仍記得：「那時看的大多是農地，有時是軟泥地，但我不知道，一腳踩下去，全是泥，所以每次回來鞋子總是沾滿泥。」

　　楊思標說，最初的籌備會議大都在週六，醫院後方的工務組辦公室開會，後來則移到臺北工專附近開會。那時除了杜詩綿、曾文賓兩位臺大副院長積極投入外，工務組的陳清池主任，也常常趁著週日假期，自行出車資前往花蓮協助。

楊思標當時即坦言，在硬體方面，臺大醫院提供參考建築圖及工務組的協力資源，都沒問題，但是能否順利招募到醫師，他就比較沒有把握了。因為當時臺灣經濟起飛，西部蓋了很多私人醫院，資源多、薪酬高，醫師的選擇也多，相較之下，東部卻是乏人問津的偏遠後山，地理環境孤立、交通不便、醫療資源缺乏，人才募集相對困難。後來也證實了楊思標最初的隱憂。

推動慈濟臺大建教合作

　　1985年，花蓮慈濟醫院招募醫師，在各大報刊出啟事：「面試錄取後，送請臺大醫院代訓，代訓期間待遇與臺大醫院相同，返院後服務待遇比照臺大醫院加若干成。無配偶之醫師供給單身宿舍，每人十坪左右的套房，並有交誼廳等之單身公寓；有配偶者每戶三十坪公寓乙棟，所有設備一應俱全。人到花蓮即可住宿，且四週環境優美，宿舍旁並有網球場兩座，供員工休閒運動。第一年至第四年住院醫師，每年擇期送到臺大受訓，服務期間成績優異者，以公費送到國

外進修。」

　　儘管祭出優渥條件，卻只來了兩位牙醫師應徵。

　　時任臺大醫院院長的楊思標及杜詩綿、曾文賓兩位副院長，早已決定另闢蹊徑，積極推動臺大醫院與慈濟建教合作，好讓開業初期的醫師來源不致匱乏；再者，也讓年輕的臺大醫師透過花蓮經驗了解地方醫療之特性，為臺灣各地培育優秀的醫事人才。

　　1986年，歷經重重挑戰的花蓮慈濟醫院終於正式落成、啟用。初起業時只有四科：內科、外科、小兒科和婦產科，「剛開始找不到醫生，臺大醫院的主任們都來支援，每週固定來慈濟看診。年輕一輩的，像外科的張耀仁、陳英和，泌尿科的郭漢崇，及防癆局的李仁智等，都是最早來的一批醫師。另外，有些外科醫師是需要開刀時前來支援。」楊思標說。

　　臺大醫院除了支援醫師外，護理部主任周照芳也派遣資深護理人員前往協助。有些年輕醫生原本想去個兩年就回臺北，沒想到花蓮的土很黏人，他們為了理想一一留了下來。

　　而為了找醫師到花蓮，杜詩綿不只一次守候在他

學生的診間外。有一回他在臺大王本榮醫師的診間外整整等了兩小時，王本榮一出診間看見副院長，正要責問護士怎麼沒告知時，杜詩綿連忙解釋，是他不讓護士打擾的：「因為看診時間，病人才是最重要的。」此舉感動了王本榮前來花蓮慈院服務。

在杜詩綿、曾文賓、楊思標三位大教授的號召下，許多臺北教授級的名醫，前來支援花蓮慈院開設特別門診，甚至指導教學、訓練年輕醫師。除了楊思標院長外，婦產科李鎡堯教授、腸胃科王德宏教授、內科消化系王正一教授、外科陳楷模教授、骨科劉堂桂教授、耳鼻喉科徐茂銘教授、血液腫瘤科劉禎輝教授、有御醫之名的連文彬教授等，這些當時在臺大醫院都極難掛到號的名醫，成了花蓮慈院初期最堅強的黃金陣容。

當時楊思標的同班同學杜詩綿擔任花蓮慈濟醫院第一屆院長，曾文賓擔任副院長。楊思標也義不容辭當起志工，帶頭加入啟業特別門診行列，更帶著年輕醫師一起判讀胸腔 X 光片，「後來胸腔科特別門診主要是李仁智在看，特別困難的病患才會到我這邊來。

我也帶學生、醫師巡病房，看肺結核的病患，一個病人、一個病人慢慢看。」只是沒想到，這後山醫療生涯不是一年、兩年，一做就是半輩子，而且愈做愈歡喜。

● 1989 年，楊思標教授因擔任慈濟護專第一屆的校長，舉家搬遷至花蓮，住了一年餘。

跨越三語習醫路

　　楊思標，1920年6月4日出生於新竹市，歷經第一次世界大戰後的日治時期，他的青春歲月，在中日戰爭的炮火中驚險度過。因為統治者的變遷，讓他精通臺語、日語、國語，從小就極富語言天賦的他，一張嘴，嘟溜溜地學得精、學得準。公學校時，他參加日語演講比賽，也輕易奪冠，「現在的日語雖然在變質中，但是我說的日語還是很標準、很古典的。」楊思標說。

四歲習書法 寫大字

　　楊思標自幼家境優渥，父親經營魚乾貨生意起家，在檯面上是生意人，私底下卻是抗日份子，也要求孩子們從小就必須熟讀漢文，背誦四書五經，不能忘本。

日治中期，施行同化政策，日本總督府為了推行國語（日語）、消除地方語文，禁止私塾的設立和教學，也將原先在公學校中列為必修科目的漢文改為選修；之後的「皇民化政策」，直接廢止漢文學習、查禁漢文報紙及刊物，包括臺灣新民報等漢文版面。校園內，也禁止使用閩南語交談，並通令各個公務場所的各級官員使用日語，同時獎勵臺人使用日文姓名、在家中以日語交談。

　　這些政策如同將臺灣人的語言、文化刨根式的移除，全面移植日本文化，以效忠天皇，再加上臺籍同胞所受到的不平等待遇，激起了臺灣各地的抗日行動。

　　儘管日本政府百般阻撓漢文的學習，楊思標的父親楊良，依然私下為家中孩子請來漢學老師，教孩子學漢文。「人之初，性本善，性相近，習相遠……」楊思標四歲時就被父親要求背誦三字經，拿大筆，寫大字，最常練習的五個字是：「君子重言行」。

　　儘管童幼，他的書法仍練得有模有樣。偶爾家中有親友來訪時，父親楊良還會讓他出來娛賓表演，四

歲小男孩拿著斗大的毛筆，毫無畏懼的在白色宣紙上揮毫出「君子重言行」，在場的朋友，無不驚歎。成年後，這五個字不僅是楊思標的童年記憶，更是父親最深刻的教誨。

父親是投身公義的抗日商人

楊思標的父親——楊良，出身貧寒，是白手起家的成功商人，更是日治時期臺灣社會運動的先驅之一。清光緒十八年，楊良出生於新竹香山的虎仔山。祖先歷代務農，清朝時，楊氏宗族有幾十戶人家自福建省泉州府晉江鎮的郭岑村前來此地開墾。楊思標曾聽聞，當時連犁田的牛隻都一起跟著飄洋過海帶來臺灣，族人落腳居住之地又被稱為「虎仔山楊」。

楊良的父親原是務農，後來隻身前往艋舺經營歌仔戲班，妻小則留在家鄉。楊良三歲時，甲午戰敗，臺灣割讓給日本，開始了長達五十年的日治時期。童年時，楊良曾在私塾裡習讀四書五經，也幫家裡種田過活。楊思標猶記得父親曾告訴他，務農很辛苦，有時夏天沒水喝，捧著「溝仔水」（田溝裡的水）也在

喝。

　　楊良十三歲喪父後，因為家貧中輟學習，轉而寄居竹塹城內舅公家，舅公在城內賣米賣菜賣雜糧，他也做起童工，邊看邊學。困窘的生活，讓他更為勤奮苦學，立志經商。才智敏捷的楊良，存了一些錢，十八歲就自立門戶，開設隆順商行，起初專營海產，還被稱為「魚脯良」（閩南語），後來組織合資會社，漸漸的也賣起來自日本的雜糧、肥料、石油，並興辦赤糖工廠。儘管生意興隆，他依然生活簡樸、關心社會公益，還兼任臺灣新民報社相談役（即顧問）。

　　楊思標猶記得，父親雖是閩南人，但因為在新竹做生意，接觸了許多客家人，客家話也說得非常好。父親在新埔買了一塊地，是所謂沒有灌溉溝渠流經的「看天田」，租給佃農去耕種，而農夫看天吃飯，有時遇到歹年冬，收成不好，他也不會向佃農收租。

　　「爸爸曾經買下一座農園，租地的農人種了許多椪柑（橘子），每到採收的季節，一家人總會開開心心去摘橘子。」那一顆顆黃澄澄、閃亮亮的橘子，是山丘上的粒粒黃金，可以讓農民賣錢持家，吃在嘴

裡，更是滿嘴鮮甜，是楊家人秋天最美的記憶。

楊良雖是成功商人，但同時也很關注殖民下的民族自覺。日治時期，各地不時有抗日行動，楊良經常資助由林獻堂等人發起的臺灣議會設置的請願運動 ❶，也曾積極參與林獻堂、蔣渭水、楊肇嘉等所籌辦的「臺灣文化協會」，全力支持文化協會在新竹地區舉辦的巡迴講演會。有一回演講，因為民眾反應熱烈，他竟被日本當局羅織「橫領」（侵占、私吞）的罪名，拘禁入獄；所幸楊良據理力陳，最終獲得釋放。

1927 年 3 月，日警顢頇地阻撓文化協會在新竹媽祖廟前舉辦的講演會，引起民眾憤怒而襲擊新竹郡役所。後來有一百多人因此被捕拘禁，直到次年三月，才有六十多位獲准保釋。但大多數人無力繳交五十元的保證金，楊良即託人傳話：「儘可向他融通」，他的義舉幫助許多人度過難關。不僅如此，楊良長年贊助鄉里中家境較為清寒、困苦的家庭，出手幫助那些肯讀書、想讀書卻繳不出學費的孩子，也在地方民眾心中建立起聲望。

1947 年，二二八事件爆發。在地方上深獲民望

的楊良，被推舉為「新竹市二二八處理委員會委員兼財務組長」，當時部分從臺北來新竹的學生，積極活動，他再三勸告學生不宜採取過激行動；為了維持地方安寧，他竭力奔走協調，但事件平息後，他竟被國民政府視為滋擾事件的主使者，身心備受困擾，從此專心從商，不再過問政治。

楊良的事業曾遍及臺北、桃園龍潭、新竹、埔里、雲林斗六、臺南新化，是新竹的傑出商人、商會代表，卻依然維持簡樸生活、自律甚嚴，始終熱心於社會公益，這點深深影響了三子楊思標。楊良晚年因三度中風不治後病逝，享年七十五歲。

奶媽揹著上幼兒園

「大頭海，來！」這是楊思標最懷念的聲音，父親楊良總是這樣喚他。楊思標的偏名為「海」，或許是覺得他從小頭大，特別聰明，父親為他起了這個親暱的外號「大頭海」，儘管他從小頑皮，老愛東奔西跑、抓小鳥，父親依然疼愛他。

父親娶了三房，楊思標的母親為大房，是傳統

纏著小腳的婦女。母親生了七個男孩，家中連同二房的孩子，前前後後共有十四個兄弟姊妹，連同叔叔楊炎一家人，全住在一起。當時住的房子是一整排的平房，有四間，包括店面、倉庫及住家，房子中間還有一口古井。

家裡人多，吃飯時特別熱鬧，早餐、晚餐都吃粥，午餐才吃飯，三餐由母親和二媽輪流煮，其他家務則請幫傭來做。家中生計靠父親撐起一片天，從來不需為米糧煩惱，只是律己甚嚴、一路打拚而擁有一番事業的父親，總是望之儼然，即之也威，孩子們又敬又畏，每每聽到父親推進家門的聲響，大大小小的兄弟姊妹們，全飛快的躲進自己房裡，唯一比較不懼怕父親的，也只有備受寵愛的楊思標。

母親生了楊思標之後，奶水不足，請了奶媽來餵奶、帶孩子。楊思標四歲那年，新竹開設了專收臺人幼童的「新竹第二幼稚園」（現新竹市立幼稚園）❷。路程遠，小男孩走不了，奶媽開始揹著他上學去。

童年時深受奶媽疼愛的楊思標，也和奶媽及她的孩子情感深厚。多年後，楊思標的次子楊錫欽回憶

起：「有一天，在新竹，父親帶著我走了二十多分鐘的路程，前往一處喪家上香，是向一位女性的長者致祭，但長輩的名字並不熟悉。祭拜完，心裡正納悶著，直到回程時，爸爸才告訴我，那是他小時候的奶媽。」

學思聰穎 提早入學

楊思標唸了一年多的幼稚園，不到六歲，父親見他聰穎過人，儘管不足歲，也將他送進「新竹第一公學校」（現為新竹國小），提早學習。當年懵懵懂懂的「大頭海」踏進的第一公學校裡，竟然有間孔子廟，能在那樣的環境讀書、識字，那份新奇感，楊思標至今記憶猶新：「學校的中間是孔子廟大成殿，周圍才是教室，真特殊，也真美啊。」直到他六年級時，新竹公學校才蓋了兩層樓的校舍。

日治時期的小學教育是以種族來分設：「小學校」只收日籍孩子就讀；「公學校」為臺灣孩子就讀；「蕃童教育所」及「蕃人公學校」則是為原住民孩童設置的小學。楊思標因為不足歲，公學校一年級讀了兩

次，才符合年齡順利升學。

　　楊思標進入公學校後，開始學唱日本童謠，他所熟稔的日文，正是在公學校時期所奠定的基礎。日人最初設置公學校時，公學校規則的第一條條文即開宗明義的視「語文」為殖民的基礎：「本島人子弟施以德教，教授實學，以養成國民性格，同時使精通國語（日語）。」

　　公學校在日語的教授上相當用心，從最簡單的唱遊入門，也讓孩子們朗朗上口。楊思標公學校六年級時，還曾獨自搭火車前往臺南參加全臺「國語」演講比賽（日治時期的「國語」意指日語），題目是「納稅」，他拿了第一名回新竹，還獲得圖書禮卷的獎賞，開心得不得了。

童年打下漢文基礎

　　楊思標儘管日文學得好，漢文卻也不曾偏廢，因為有位嚴格的父親督促著。「我在新竹公學校的第一年還有老師教授漢文，後來就沒有了，但是我們還是會在家裡學。」父親的堅持，讓他同樣打下了精良的

漢文基礎。

公學校畢業後，他原本想考「臺北高等學校」尋常科，是當時位於臺北、全臺灣最難考的初級中學，校內多為日籍學生，尋常科每年僅錄取四名臺籍學生，但他因為年齡差兩個月，不足歲，無法參加考試，只得報考新竹中學。

楊思標說，新竹中學當時也曾被一些臺北高等學校的同學戲稱是「鄉下學校」，但要考取也十分不易。新竹中學每年招收兩班，每班五十名，以日文考試，臺籍生僅佔三分之一，而來爭取入學考試的學生，含括了新竹、桃園、中壢、苗栗等「新竹州」的孩子，能考取中學或女中的學生，多被視為「很會讀書的秀才」。然而，楊思標從公學校畢業的成績是第一名，考中學自然不成問題，輕輕鬆鬆便成了新竹中學的秀才。

中學時期，楊思標每天從住家表町（現今大同路）走半小時的路程到學校，沿途經過新竹公園，兩旁青綠的大樹及農田伴著他的求學路，走到十八尖山山腳下，新竹中學就到了。從自家到學校的漫遊範圍內，

東門有土地公鎮守的保福德祠，西門有祀奉地藏王的東寧宮。這趟路程也是他記憶最深的新竹景致。

新竹中學時期，班上有日本人、臺灣人，也有些日本人會故意找麻煩，歧視或欺負臺灣同學。中學三年級時，鮮少被「找麻煩」的楊思標，有一回竟然和日本同學推打起來，直到老師都進教室了，兩人還不能罷手，因此都被老師重重地敲了一記腦袋。於是，楊思標那個學期的操行成績，從甲下變成乙上，也被取消了「臺北高等學校」免試推薦入學的資格，只得乖乖地去考試。

躍動的青春：臺北高校時期

楊思標自新竹中學畢業，考上了「臺灣總督府立臺北高等學校」（簡稱「臺北高校」）高等科。當時臺北高校是臺灣唯一的大學升學管道，入學競爭非常激烈。每年預定招收的一百六十個名額中，只錄取不到三十名臺灣人，因此，能進入「臺北高校」就讀者，往往被視為「菁英中的菁英」。

1922 年創立的臺北高校，最初借用今日建國中學

的部分校舍，後來遷到古亭町，即現今國立師範大學的校址。

二次大戰前，日本政府為了培育未來的社會菁英，撥付龐大教育經費，在日本各地及其殖民地創建「高等學校」作為「大學預科」，也就是選拔各地最頂尖的人才進入大學前的預備學校，加以栽培。臺北高校的畢業生可各依興趣，直升臺北帝國大學及日本境內各個帝國大學，完全不必經過考試。

這樣的教育體制，讓學生不再只為升學壓力而全力準備考試，反而能在校方提供的諸多資源下，更活潑的接觸人文、藝術、科學、自然等多元知識，能回到教育思考及求知的本質，培養出更為全方位的人才。

臺北高校彷如臺灣頂尖菁英養成所，雖因日本戰敗，僅有短短二十七年的歷史，卻培育了無數人才，這些佼佼者日後也成為臺灣戰後各行各業領導階層最重要的來源之一。

醫學界的魏火曜、李鎮源、林宗義、彭明聰、宋瑞樓、黃伯超、陳五福；前總統李登輝、企業家辜振甫、獨派大老辜寬敏、實業家邱永漢、司法官蔡章

麟、戴炎輝；政治界的五院院長或副院長，如徐慶鐘、戴炎輝、周百鍊、林金生（舞蹈家林懷民之父）；部長級的許子秋、施純仁……等，皆畢業自臺北高校。

「臺北高校」的學風自由開放，強調自律精神，每週必學德語、英語。有些學生喜歡穿著黑披風，腳踩木屐鞋，嘎噠嘎噠的走著；或在頭上、腰上纏上毛巾，一副嬉皮打扮，時而高歌起舞，對於學生們的特立獨行或奇裝異服，學校也展現極高的包容度。

問起楊思標當年是否曾加入奇裝異服的行列，他笑笑說：「我穿得很規矩呢，那些比較特殊的，大部分是日本同學。」他頂多戴著二條白綠的破帽和好友逛逛街、泡咖啡廳。

對臺籍學生而言，擠進臺北高校的這道窄門相當不易，必須付出加倍的努力才能如願。而來自日本內地的學生，或是在臺灣的日籍學生，入學門檻相對較為寬鬆。也因此，臺籍生或許自知必須更加努力，才能在殖民統治下脫穎而出，而更珍惜這得來不易的學習機會，總是兢兢業業，經常在班上名列前茅。

但不論日籍生、臺籍生，嗜讀新書、西方經典著

作、外文雜誌，喜愛音樂，廣泛的吸取新知，這幾個特點幾乎都一樣。從新竹北上的楊思標，在自由校風下，眼界大開，更在這裡結識了一生中最重要的兩位好友：杜詩綿及胡鑫麟。

初上臺北高校時，楊思標租住在學校後方，一處日本人的寄宿家庭；胡鑫麟住在臺灣人開設的寄宿家庭；杜詩綿則住在臺北自家。一年後，楊思標的弟弟也北上唸書，家人為他在臺北「永樂町」杜詩綿家隔壁租屋、生活。

此後，楊、杜、胡三人幾乎天天黏在一起。閒暇時，最愛前往大稻埕的咖啡廳，聊天、看書、談未來、聽古典音樂或是來自日本、德國的樂曲，消磨美麗時光。那時楊思標鍾情於醫學書籍及中國古典傳記，如西遊記；杜詩綿則特別喜愛魯迅的小說。

自幼學琴的胡鑫麟，音樂造詣高，還教楊思標拉起中提琴。三人也愛偶爾高歌一曲，唱起日本民謠、寮歌（當時住宿生稱為寮生，學生宿舍的歌曲稱為寮歌）、校歌。憶起舊時，楊思標最難忘的臺北高校校歌，再度在他耳邊響起：

獅子頭山に雲みだれ　　　七星が嶺に霧まよふ
朝な夕なに天かける　　　理想を胸に秘めつゝも
駒の足掻のたゆみなく　　業にいそしむ學びの舍
限りも知らに奥ふかき　　文の林に分け入りて
花つむ袂薰ずれば　　　　若き學徒の誇らひに
碧空遠く嘯きて　　　　　わがペガサスに鞭あてむ
錬武の場に下り立ちて　　たぎる熱汗しぼるとき
鐵の腕に骨鳴りて　　　　男の子の心昂るなり
つるぎ收めてかへるとき　北斗の星のかげ清し
あゝ純眞の意氣を負ふ　　青春の日はくれやすく
一たび去ってかへらぬを　など君起ちて舞はざるや
いざ手をとりて歌はなむ　生の歡喜を高らかに

（中文翻譯）

獅仔頭山青雲飛揚　　　　七星嶺上雲霧繚繞
朝夕不斷掛長空　　　　　高尚理想存吾胸
駒足奔騰永不休　　　　　奮勉繁忙學業中
前途無量深奧無窮　　　　學問進展捷如風
但看花香盈我袂　　　　　青年得意喜重重

引吭高歌遙望碧空	揚鞭顧盼氣融融
大顯身手練武場	男子熱汗灑英雄
鐵腕鋼筋誇百鍊	心懷壯志吐長虹
勒馬橫刀歸來歌唱	北斗七星影青青
哈！要抱正直之志氣	青春易逝去匆匆
光陰一過不復還	及時努力舞庭中
與君攜手歡呼一曲	人生歡樂在其中

這首歌，將當時臺北高校的情景、青春學子的豪情氣概描述得無比傳神。楊思標、杜詩綿及胡鑫麟三人也在此時立下志願：走向學醫之路，更希望日後能從事醫學研究，當上教授。

三人情誼一路從臺北高校到直升「臺北帝國大學」醫學部，那是一段楊思標最難忘的燦爛時光。

走向學醫之路：臺北帝國大學醫學部

日治時期，臺灣流行病橫行，總督府為了解決島內迫切的公共衛生、醫療及環境問題，積極培養醫學人材。1899年，成立臺灣總督府醫學校（其後改

稱「臺北醫專」），是臺灣第一所正規的醫學院；1936年，成立臺北帝國大學醫學部（現今「臺灣大學醫學院」）。

直升臺北帝大醫學部後，楊思標更為努力，廣泛的閱讀醫學相關書籍與雜誌。醫學部的老師除了藥理學的杜聰明教授外，其他皆為日籍教授。有趣的是，當時德國的現代醫學走在世界的前端，因而許多教授都曾留學德國。「那時候上課沒有教科書，也沒有講義，每次上課都要拚了命的抄寫。」楊思標說，只有日文、德文的醫學書籍及雜誌可以參考。

「我們在醫學院學的主要是基礎醫學，三年級時，開始到醫院臨床實習內科及外科。」醫學部四年之後面臨選科，楊思標對內科情有獨鍾，當時有三大內科：

第一內科主要研究臺灣的風土病（如熱帶疾病，瘧疾等），是由小田俊郎教授帶領；第二內科專攻胸腔疾病，特別是當時盛行的肺結核，由桂重鴻教授主導；第三內科則是研究消化系疾病，如胃腸肝膽等，由澤田藤一郎教授領軍。

曾經罹患過肺結核的楊思標，毫不猶豫的選擇第二內科，跟隨桂教授專攻胸腔科疾病；好友胡鑫麟選擇眼科。原本杜詩綿也鍾情第二內科，但耳鼻喉科的村上教授，親自前往杜家，拜訪杜父，希望這位優異的人才能夠加入耳鼻喉科的行列。杜詩綿最終選擇當時相當冷僻的耳鼻喉科，開始了養猴子，做白喉症實驗的日子。

當時臺北帝大的醫學教育承襲日本國內的「講座制度」，每一科包括一位教授、一位助教授、一到二位講師、二位助手、二到四位「有給」（有薪）副手，以及數位到一、二十位「無給」（無薪）副手❸。講座制類似師徒制，最大的特色就是，選定科別後，該科教授將他個人長期的臨床經驗與研究傳授給學生。

從大四起，楊思標也跟隨林茂及王文杰兩位前輩醫師學習。每天一大清早就跟著前輩及桂教授前往肺結核病房巡房，帶回病人痰液，染色、檢查。

帝大畢業後，楊思標擔任桂內科的無給副手。那時期，所有的副手都和楊思標一樣，非常忙碌。病人的血液、尿液、糞便、X光檢查等，全都得靠副手

來檢驗。病人的所有症狀,包括肺病、心臟病、糖尿病、腸胃病……等病症都需醫院的副手親自檢查、監測,經常忙到三更半夜,但也因為這樣全方位的學習、訓練,讓像楊思標這樣的副手,幾乎什麼都懂、什麼都會。

楊思標在擔任副手時期,白天在帝大附屬醫院的內科協助看診;晚上則在實驗室裡繼續作研究。此外,每星期固定一天前往臺灣銀行為臺銀員工問診醫病。儘管如此拚命,醫學研究之路卻顯得無比遙迢,楊思標笑呵呵的調侃自己,曾任第二內科「最資深的副手」,「我畢業九年,都還升不了講師,是班上最後一位升講師的。」

然而大鳥晚啼,不到最後一刻,誰也不知道最終爬向山頂的是誰;而能攀頂也能享受下山風景的又是誰。

這群從「臺北高校」直升「帝大醫學部」的學醫菁英,長期左右了戰後臺灣醫學界、醫學教育與公衛政策。他們在一個前無古人、後無來者的新世界,盡情揮灑、胖力耕耘,日後成就了多項流行病學的抗疫

與研究，讓疾病橫行的臺灣漸漸邁向安居樂業的健康
社會。

---

❶「臺灣議會設置請願運動」發生於二十世紀上半葉，是由新民會
發起，向日本帝國議會爭取在臺灣設置自治議會的運動。以林獻堂
為代表的知識分子、民族資產階級和部分士紳組織了這場運動，為
爭取臺灣民眾在日本殖民統治下獲得基本的政治權力進行不懈的努
力。

❷ 楊思標猶記得，當時擔任「新竹第二幼稚園」的園長是李劉玉英
女士。據《竹塹文獻》雜誌第三十四期（2005 年 8 月號）記載，1923
年，日本皇太子裕仁巡訪新竹時，李劉玉英被推選擔任向太子奉茶
的工作；1925 年，第二皇太子秩宮來新竹時，她則代表新竹州地
方，在角板山招待所獻上一籠蓮草花。

❸ 當時「無給」（無薪）副手沒有人數限制。

邁向新時代

　　1941 年 12 月，太平洋戰爭爆發，臺灣因為地理位置而成為日本南侵的主要根據地。1944 年，二次大戰的激烈戰火終於蔓延到了臺灣。

　　6 月 10 日，日本總督府指定臺北、基隆、臺南、高雄四地為必須疏散地區。8 月下旬總督府宣布：「臺灣進入戰場狀態」。到了 10 月，盟軍轟炸臺灣的次數愈來愈頻繁。1944 年年底，臺北帝國大學醫學部教授會議決議進行疏散計劃，選定桃園大溪和臺北溪洲為疏散地。

　　1945 年 3 月，臺北帝大醫學部及醫院疏散到桃園大溪公學校及臺北中和，楊思標和新婚的妻子張雲鬟隨即搬遷到桃園郊區的一處農舍，每天搭乘公車往返大溪公學校。

　　戰火無情，有一回，妻子回新竹娘家時，卻遇到

盟軍轟炸新竹市，她趕緊躲進附近的防空洞，沒想到炸彈落在防空洞外。空襲過後，妻子一出洞口，看見來不及閃避的人，皮綻肉開，慘死戰火中。那樣的驚嚇，久久難以平復。那時妻子剛有孕，也間接影響到腹中胎兒，「長子出生後，總是比較容易緊張，因為當時都在躲空襲，飽受驚嚇。」楊思標說。

飽受驚嚇的，還有許多從來沒扛過槍卻被迫上戰場的青年學生。戰爭末期，臺北帝大醫學部的學生也被日軍徵調，稱為「學徒出征」。楊思標的後輩施純仁 ❶，曾在《楓城四十年》書中提到當時苦不堪言的情景：

「我被調到淡水山上當二等兵，挖防空壕，建高射砲陣地。每天的飲食只有一碗飯，夾雜著雜糧，因此兩個星期才大解一次。另外有些被徵調到南洋當軍醫的帝大前期同學，大部分在運輸艦上被美軍潛水艇擊沉於汪洋大海而死亡。」

年輕的生命還來不及施展抱負，即成了有去無回、沒有形體的一只牌位。

美軍初期大都在夜間來襲，隨著警報大響，眾

人慌忙的熄燈、躲空襲。但是，1945年5月31日這一天，美軍來了113架飛機，從早上十點就開始轟炸臺北城，持續三小時以「燒夷彈」轟炸，燒夷彈一炸開，遍地大火。即使入夜後，楊思標抬頭看天空，仍是紅光一片，臺北城整整燒了一個晚上。

臺灣總督府、日本軍營、臺北帝國大學附屬醫院、城內六條大街、鐵道飯店、艋舺龍山寺，全在連番轟炸下嚴重受損，死傷慘重。三千多人當場死亡，數萬人受傷、無家可歸，這是歷史上的「臺北大空襲」。

臺北帝大附屬醫院（今臺大醫院）的大門口被炸了兩個大窟窿，中央走廊、後方營養部、鍋爐部，以及醫學院的儲貯水池和防空壕，全被炸得面目全非，水、電系統全毀。教授法醫的田代教授及其助手慘死防空壕中。

「我有位帝大的同班同學董長渠，後來去馬偕醫院服務，也在臺北大空襲中被炸死了。」楊思標感傷地說。

戰後新生

1945年8月6日及9日，美軍以原子彈空襲日本廣島市與長崎市，高達十四萬人死亡，終於讓日本政府無條件投降，終結了第二次世界大戰。8月15日，日本天皇玉音放送，當楊思標聽到日本戰敗，無條件投降的那一刻，非常興奮，第一個念頭竟是：「我可以當教授了。」那年他二十五歲，是臺北帝國大學醫學部內科的無給職副手（助教），但心志卻無比強大。

日治時期，臺灣人要當上大學教授難如登天，改朝換代卻為一心想投入醫學教育的楊思標帶來嶄新的希望。

當時臺北帝大醫學部除了留學日本、教授藥理學的杜聰明先生是唯一的臺灣籍教授外，其餘教職（包括教授、副教授）皆為日本人。通常臺灣醫師在帝大醫學部待了兩、三年「無給職」副手後，就會因為後輩的日本醫師反而先升任為「有給職」（有薪資）的副手而被氣走。一直到盧溝橋事變發生，日本政府大量徵召日本醫師到戰場當軍醫，才不得不啟用臺灣人為

有給職的副手、助手及講師。

日本戰敗，臺灣光復，楊思標的前輩、同儕、後輩們，無不歡欣鼓舞，終於擺脫日本長達五十年的殖民統治，可以期待一個自主、公平的未來，儘管新的挑戰也隨之而來。

楊思標自幼學習且精通的國語——日語及日文，突然成了外來語，一夕之間，整個臺灣已從「阿伊烏ㄟ喔」翻轉成「ㄅㄆㄇㄈ」的新時代，為了回歸祖國懷抱，大家瘋狂且拚了命的學「國語」（當時稱為普通話、北京話）。唯有醫學部的學生、醫師例外，他們仍保留著隱藏的孤傲，觀望著新的語言。

光復後，廣播節目裡，有北京話教學，臺灣大學也特別聘請來自北京大學的徐征講師，每週一到兩次，前來教「國語」，然而向來忙碌的醫學部依然只有三三兩兩前往，並不熱衷於學北京話。反倒是自幼打下漢文基礎的楊思標，對語言的學習總是充滿熱情，他跟隨徐征老師學習，再度發揮語言天賦，飛快的學會了新的語言，日後並跨越族群認同，一展長才。

從母語「閩南話」、自幼學習的「日語」、中學時

期的「英語」，再到成年後方才學習的「國語」，多語文的學習伴隨楊思標的成長與習醫路，他也見證了坎坷臺灣最為波濤洶湧、浪起浪落的變革與潮流。

從帝大到臺大

日本無條件投降後，醫學院的醫師、學生終於可以重返臺北城，結束了近百日疏散的日子，開始將醫院遷回臺北。在戰後人力短缺的情況下，各式各樣的醫療儀器，全由醫生、護士們充當搬運工人，陸續搬運回臺北，一直到了 10 月，才大致就緒。

隨著日籍醫師、護士一一被遣返，醫院也面臨嚴重的人力短缺。特別是原先只錄取三分之一到四分之一的臺籍護士，使得醫院內大鬧護士荒，只好趕緊招募公學校高等科畢業的初中學生，先施以短期密集訓練，讓通過培訓者先擔任助理護士，待護校正式成立之後，再優先就讀。

1945 年 11 月，中華民國政府接收臺北帝國大學，更名為「國立臺灣大學」，醫學部改稱「醫學院」，並任命當時唯一的臺籍教授杜聰明為醫學院院長。

原本臺北帝大醫學部的修業年限為四年，然而，杜聰明院長前往中國大陸訪問各大學後，為了提升醫學教育水準，將修業年限改為七年制：包括預科兩年，基礎醫學兩年，臨床醫學兩年，實習醫學一年。此提案經教育部通過，1949年起，臺大醫學院正式改為七年學制。

　　光復後，楊思標升任臺大醫學院附設醫院助教。當時臺大內科有九位助教，但是「有給職」的只有四位，「我是其中年紀最長的一位，一個月四十元薪水。」楊思標說，當時教授會安排這些「無給職」（沒有薪水）的助教，每星期一到兩次，在外面的醫院兼差賺外快，來維持基本生活。

　　因為改朝換代，無給職助教都還沒領到大學聘書，於是決定集體向傅斯年校長爭取承認日治時期的制度，同時讓無給職助教能有在外兼職的機會，以維持生計。當時助教們邀請傅斯年校長吃午餐，並推派少數能說普通話（國語）的楊思標向傅校長說明緣由，盼能藉此改善無給職制度的問題。

　　傅校長聽了，也對怎麼會有「無給職」助教的行

規，感到疑惑，但是當下沒多說什麼。直到1950年8月，傅斯年廢除無給職助教制度，同時仿傚美國醫學教育，實施「住院醫師制度」，將院內的助教及無給職助教改為住院醫師，廢除日式的講座制度，改採美式制度，並採取「金字塔式」的升級訓練制度，要求醫學院每科每年需淘汰百分之五的教員或醫師。推動之初，雖然引起一些反彈的聲浪，但長期來看，不僅促進醫學教育及醫院的進步，也使國內的專科醫師與次專科醫師的人才培育邁向制度化。

在楊思標等助教向臺大校長傅斯年陳情一個月後，醫學院院長魏火曜傳來訊息，學校要送楊思標去美國留學，他是光復後，臺大醫學院第一位被外派出國培訓的內科助教醫師，出國的經費則由中華文化教育基金會贊助。「我猜想，可能是當時其他人不會說普通話（國語），但是我會說日語也會說普通話，才有這樣的機會。」那也是楊思標第一次出國見世面。

傅斯年在臺大校長任內，大力爭取教育部經費、美援機構經費，推動臺大醫師、護士、教師出國進修，將最新的醫學教育、醫療技術、觀念帶回國。第

一批教育部資助赴美留學的，是在1949年8月，醫學院的董大成、鄭翼宗以及數學系的許振榮。

見識醫病零距離

1950年，在海拔1800公尺高的美國丹佛猶太醫院（National Jewish Hospital at Denver）裡，楊思標展開了他全新的視野。

為了兼顧省錢與省時，第一次搭乘飛機的楊思標，搭菲律賓航空先從臺北飛往日本轉機，再飛阿拉斯加，等待一天，飛西雅圖，轉科羅拉多州，經過整整兩天，終於抵達丹佛。

他原先計畫前往學習肺結核的診斷與治療，但抵達後才發現雖然美國的醫療很先進，但肺結核的案例卻少得可憐，遠遠不及他在臺灣所看過的病例，因此在肺病研究之外，他學了當時最新的心導管心肺功能檢查。

然而這趟美國之行帶給楊思標最大的收穫，不是最先進的醫療技術，而是醫生與病人之間零距離的醫病關係。「丹佛的主治醫師很親切，會跟病患及家屬

閒話家常，也不稱呼病人的姓氏，而是直接喊他們的名字。有時熟到連病人家裡的大小事都知道，非常有親和力，這跟我們所受的日式教育、日本教授及醫師的威嚴感完全不同。」他提到，美國的醫師什麼大事小事都願意做，比較不會高高在上。

這趟十個月的學程，讓楊思標津津樂道的，還有中華文化教育基金會每月提供的一百七十五元美金的生活費。當時他在臺大醫院當助教的薪水，每個月只有四十元臺幣。楊思標省吃儉用把錢存起來，回國前展開了一趟壯闊行旅，從美東、紐約、華盛頓到德州，搭乘巴士、火車、輪船、飛機，在美國跑了一圈，更打開日後積極與國際接軌的眼界。

楊思標回國後升任講師，除了看病、研究之外，更要站上講臺授課、寫論文。同時，他也與同期出國進修、學成回國的外科醫師林天佑合作，走出臺大，舉行環島醫學教育演講會，分享所學新知。之後，他擔任臺大內科胸腔組主任，積極與國際串連，領軍參與海外胸腔病國際組織及會議，吸取海外最新醫療新知。

自此，楊思標在醫學學術上，開啟了多項臺灣前所未有的壯舉，包括組織臺北市胸腔病聯合討論會、極力爭取第二屆亞洲太平洋胸腔病會議在臺灣舉辦，那是臺灣首度舉辦的國際性醫學研討會。他甚至號召臺大同袍一起走向臺灣中部、南部、東部等各地，將臺大豐厚的醫療資源與知識傳送到全臺各地，定期舉辦胸腔醫學討論會，同時展開他對臺灣偏鄉醫療的投入與貢獻。

---

❶ 施純仁為帝大醫學部第八屆學生、二次大戰後臺灣大學醫學院第一屆畢業生，臺灣神經外科醫師，曾任行政院衛生署署長（1986～1990），任內推動重大醫療政策，貢獻卓著。包括制定《醫療法》，健全臺灣醫療體系，並建立專業腦死判斷標準，通過《人體器官移植條例》，2000 年 11 月獲選國際外科醫學會榮譽院士，成為中華民國史上第二位獲此殊榮者。

難忘恩師

　　楊思標曾說，他最在意的就是醫德與傳承，而能在醫術傳授及教學研究上如此精進且毫無保留的奉獻，是受了日籍恩師桂重鴻很大的影響。

　　他的老師桂重鴻教授，來自日本新潟，畢業於東北帝國大學，畢業後曾服務於日本知名的熊谷內科醫院，之後留學德國。起初，桂重鴻被派來殖民地臺灣時，滿心不願，因為當時孩子年幼，捨不得離家太遠。但是當他來到臺灣後，卻非常喜歡並融入臺灣社會，也在這裡發展出許多研究。

　　「他的外型和長相很像中國人，我常想他的出生地比較靠近中國東北，或許他有中國人的血統。我因為本身有肺結核，而桂教授是肺結核的專家，所以，我選他為我的指導教授。」楊思標說，桂教授教學認真、嚴格，但也相當幽默，特別是他對文學、藝術都

有很深的涵養。

　　同樣待過「桂內科」的護士——陳寶玉則提到，桂教授帶領學生、醫師看診時，非常嚴謹，「那時住院的病人，桂教授都會親自檢查，每天早上聽取醫生的病情報告，如果醫生報告得不夠周詳，他是會教訓醫師的。」

幽默且溫暖的嚴師

　　談起桂重鴻教授的幽默與溫暖，仍讓大家記憶深刻。當時打仗沒得吃，大家都在餓肚子，但臺北帝大醫學部裡卻常備著一些地瓜，用來養活實驗室裡的老鼠。有時，實在太餓了，護士也會去拿兩條地瓜，以實驗室的消毒機蒸來讓大家果腹。有一回，才剛蒸好，還來不及取出，桂教授就進門了，拿著培養皿來消毒。

　　大家一見桂教授，心緊揪著。沒想到，桂教授打開消毒機，一看到地瓜，卻四兩撥千金打趣的說：「哇，現在老鼠這麼難養，沒蒸過的番薯不吃啊。」說完便笑笑離開。

桂重鴻當然知道那是學生們要吃的，卻沒有責備任何人。「桂教授做學問、帶學生很嚴格，但他卻是少數對我們臺灣人很好、很和善的日籍教授。有些日本教授會看不起臺灣人，他從來不會。」陳寶玉說，她心知肚明，如果再犯，桂教授很可能會罵人，所以再也不敢蒸地瓜了。

　　桂重鴻每天都會開「morning meeting」（晨會），他要求門下醫師，必須為當天住院的病人，仔細做好所有檢查紀錄，包括血液、大小便、X光片等，以利隔天晨會討論。「如果同時有兩、三位住院病人，醫生恐怕一整晚都無法回去休息，那時X光片不會馬上出來，也要等待。而每項檢驗結果，桂教授隔天一早都會問，少一樣都不行。」

　　當時在第二內科（俗稱「桂內科」）桂重鴻教授底下的學生，如果要出去開業，至少要跟他學習三年的臨床診斷後，才能到外面開業。有位醫師跟了桂教授一年，便在家人催促下急著出去開業，很多前輩認為他氣候未到，勸他多加學習後再開業，可是他迫於經濟壓力及家人安排，仍堅持出去開業，後來，桂重

鴻教授同意了，但書是：「不要告訴任何人他的指導教授是誰。」第二次大戰結束後，日籍人士陸續遣返。臺大則希望能留住桂重鴻教授，桂教授多留了兩年，繼續任教服務。1946年12月，桂教授返回日本前，應門生的請求，大筆揮毫，寫下「觀而斷」三個字，做為給臺大第二內科的贈言，正如他向來所堅持的：看病時要仔細觀察、細心問病，再做診斷。楊思標一直把這三個字當成臺大第二內科的「科訓」來警醒自己、對待病人，這也是影響他最深遠的醫病態度。

師徒重逢

1951年，當師徒兩人在日本重逢時，桂重鴻見到楊思標又驚又喜：「你從哪裡冒出來的啊！」

當時楊思標有位病患是船株式會社（船公司）的頭家，前來向他求援：「楊醫師，我船上的機關長吐血，沒有他，船就不能開，你能當我的船醫師嗎？」

那個年代，一般人少有搭飛機或坐船出國的經驗，甚至多數人的家裡也沒有電話，能跟大船出去遊歷，是很新鮮的體驗，「所以我跟內科的林茂主任請

假，想跟著貨船出去走走。那艘船主要是運載鐵礦，往返於日本與臺灣。」

　　貨船開了七天，終於抵達日本橫濱，卸貨停留。要返回臺灣時，在海上開了兩個鐘頭，卻又折回橫濱，因為船公司接到消息說，兩週後，九州有一批貨要載回，所以要多停兩週。可是過了兩週之後，卻又拖了一個禮拜，在不斷延遲下，楊思標遂想前往熊本拜訪桂重鴻老師，也順道探望住在九州的弟弟。

　　「老師一見到我，又高興又驚訝，就『大請』了，帶我去日本人吃飯的地方，看表演、唱歌，我也下場唱起勸酒歌、比劃一番，老師還誇我，怎麼這麼屬害，這麼會唱。」

　　這段師徒情誼，又延續了許多年，楊思標前前後後邀請桂教授來臺灣七趟，來寫書、參與學術交流。桂重鴻教授九十四歲往生前，仍不間斷從醫，只要有人請他去看病，他都會去，即使後來腰部開刀，他一復原，照樣幫有需要的人看病。楊思標也以恩師為榜樣，只要能動、能做、思路清晰，就要起而行，為社會盡一份心力。

抗癆有功

「在我的學生時代，臺灣到處都是結核病。」楊思標說，就連他自己都難逃一劫。楊思標在大一入學後的健康檢查，查出肺結核並轉往吉田醫院醫治。然而當時還沒有特效藥，一旦患病，只能休息療養、呼吸新鮮空氣，補充營養來增強抵抗力。

升大四那年的暑假，楊思標因肺結核住進臺北帝大附設醫院的第一內科，由翁廷俊醫師主治，當時依舊無藥可醫，只能靠住院休養，補充營養的食物、維他命。幸運的是，家境小康的楊思標在住院一個月後，不藥而癒。然而，很多貧病交迫的人，染上肺結核後，只能任由身體衰敗，甚至走向死亡。

肺結核俗稱「肺癆」，早期認為結核病的傳染與擁擠環境及營養不良有關，又稱它為「窮人病」，典型的症狀包括：慢性咳嗽、咳血、發燒、發冷、盜

汗、食慾不振、體重減輕以及疲倦，是透過飛沫傳染的疾病。

民間常說「十癆九死」，英國詩人濟慈更稱它是「人類的頭號殺手」，二十世紀，全球依然有一億人死於肺結核，音樂家蕭邦、作家卡夫卡，臺灣作家鍾理和，都曾深受肺結核所苦，甚至死於肺結核。臺灣則是在1985年之後，結核病才首度跳出十大死因之外。

可見它的來勢洶洶，不容小覷。這也是促使楊思標踏入胸腔內科，專研肺結核的主要原因。四〇年代 ❶，楊思標自臺北帝大醫學部三年級開始，即師從日籍的桂重鴻教授，專研結核病的診斷與治療。

刻苦研究肺結核

當時的檢驗、研究環境都很克難，楊思標透過牛肉、雞蛋、色素等材料來做結核菌的培養、抗菌實驗及研究。每天一早，他跟著桂教授到病房去，將病人咳出的痰液帶回，塗在小玻璃片上，注入試驗染劑藥水，以組織染色法處理檢體。結核菌是一種抗酸性菌，具有生長緩慢的特性，通常需要等上一個半月，

才能在顯微鏡下鑑別、確認是否有結核桿菌。

　　日治時期，臺灣的結核病猖獗，尚無有效用藥，只能分別在臺北與臺南成立松山療養院與清風莊結核療養所，照顧肺結核病人。當時只知道肺結核細菌怕高溫，只要遇到開放性肺結核的病人，其所使用過的餐具一定要用高溫熱水燙過，棉被也要經常拿到大太陽底下曬，以避免傳染給他人。

　　桂重鴻教授希望能從臺灣的植物中萃取出有效對抗結核菌的特效藥，與臺北帝大理農學部的助教授——野副鐵男博士合作，從臺灣檜木提煉出Hinokitiol（檜硫醇），來對抗結核病。桂重鴻以臨床實驗，引領合作研究，再提練出Rhodin酸成份，並委託高砂香料株式會社製造口服用藥。提煉出來的藥，主要是給開放性肺結核的病人喝的，只是氣味不佳，難以入口，有些病人不願意喝，總是要護士好說歹說，才願飲藥入口。然而經治療後，也確實改善病人病況。可惜的是，這項研究，尚在試驗階段便隨著日本戰敗、桂教授返日而中止。

　　直到1946年，美國新澤西州羅格斯大學的賽爾

曼‧A‧瓦克斯曼實驗室，分離出抗結核藥物「鏈黴素」，才為病人帶來一絲希望。「肺結核的特效藥——『鏈黴素』剛出來時，一支藥（注射藥劑）要花掉一個月的薪水，非常昂貴。」楊思標說，要到後來其他藥品陸續被開發出來，藥物更多元、更普及，鏈黴素隨之降價，才讓更多人得到醫治。

1948年，臺灣仍有超過一萬八千人死於結核病，占該年度總死亡人數的六分之一，高居十大死因之首。蔣宋美齡女士為此成立「臺灣省防癆協會」，之後為了融入國際社會，擴大會務，改組為「中華民國防癆協會」。防癆協會創立後，蔣宋美齡女士連任四屆理事長，楊思標則是投票選舉之後的第一任理事長（第六屆）。

六〇年代，臺灣省防癆局設在青島西路，就在臺大醫院後門左側，統籌全臺灣的結核病防治工作。楊思標教授主導新式的短期抗結核療法，大力提倡「早期診斷、早期治療、一次完治」，更在臺灣省衛生署、臺大醫院、榮民總醫院、三軍總醫院的共同合作下，一起推動肺結核的預防與醫治，獲得極佳成效。

電話追蹤貧病者　一個也不能少

1965年，臺灣全面對嬰幼兒施打卡介苗，兒童結核病的死亡率顯著下降，楊思標呵呵一笑，幽默地說：「從這以後啊，小兒科就沒生意嘍。」

七〇年代，調查研究發現，山地原住民罹患結核病的比例高出平地居民一倍。「當時沒有全民健保，他們沒有錢治療，又傳染給家屬、部落族人。」楊思標沒辦法沉默地看著病人，因為沒錢而得不到醫治，於是他和學生積極爭取山地結核病防治計畫，也獲得省政府專款支持。「後來，我們就可以幫原住民申請經費，提供免費的醫療，如果願意配合，大概六個月就可以治癒。」楊思標說。

解決了醫療費的問題，但接踵而來的，卻是病人返家後，必須孤單地面對長達三到六個月的長期服藥。有些病人會忘記吃藥，或是無法忍受副作用而自行停藥，一旦停藥，就容易產生「抗藥性」而更難醫治。如此，不但會繼續傳染給他人，病人本身則更受苦，甚至有邁向死亡的高風險。

於是這位把病人健康看得無比重要的楊思標，又做了一般人不太常做的雞婆事。他要他的子弟兵和他一起，「拿起電話，追蹤病人」，提醒病人按時服藥、按時回診，一個也不能少。但是，這樣的關懷還是不夠。他每每見到證嚴法師，必再請託，能否讓慈濟志工前往關心需要長期抗戰的肺結核病患，於是慈濟志工又多了一項愛的業務：關懷、提醒肺結核患者按時服藥。

　　一直到1997年，臺灣開始實施世界衛生組織推動的「都治計畫」（Directly Observed Treatment Short-Course, DOTS），也就是由醫療照護人員親自送藥，執行「送藥到手、服藥入口、吞下再走」這套監督病人確實服藥的政策正式上路後，楊思標對返家服藥的病人才稍微安了心。都治計畫落實執行後，臺灣結核病發生率，以平均每年4.4%的降幅持續下降，帶來了極佳的成效。

　　然而，不論時代怎麼進步，楊思標的心思不曾遠離病人。「楊教授手上永遠有一份病人清單。他就算年紀再大，卻還是很關心病人，要是病人沒有回來

複診，教授就會要我們打電話去關心病人的現狀，是否有持續服藥及檢查。」2017年，楊教授的教學診間裡，慈濟大學醫學系大五學生侯棠碩這麼說。

臺灣肺結核的防治工作，楊思標曾打過美好的一仗。這位仁醫，挽救的不僅是病人的生命，他每一次主動出擊的慰問與關懷，撫慰了受苦病人的心，更隱藏著醫者對後輩的諄諄身教。

而今最讓他欣慰的是，過去曾被稱為窮人病的肺結核，「到了1995年3月，全民健保開辦後，我就很少遇到沒錢看病的患者了。」

師徒傳承　小兵變大將

楊思標的徒孫輩學生——李仁智，曾在防癆局時期跟隨楊思標學習肺結核的診治，1988年也跟隨楊思標的腳步來到花蓮慈濟醫院。

花蓮慈院開幕的第一天，李仁智就來當班看門診，當時他自告奮勇的找曾文賓副院長說「我可以幫忙」，他每週一從臺北來花蓮協助看診，當起醫療志工，不拿一分錢，「因為我有防癆局的薪水可以過

活。」兩年之後，證嚴法師邀請他：「你就來這邊專任吧！」，此後一待三十年，成為守護後山健康的花蓮人。

臺大醫學系畢業的李仁智，早在1978年擔任防癆局住院醫師時，即跟隨楊思標學習。當時防癆局位在臺大醫院後方，是跟臺大借的地，也在臺大校區裡，如今那塊地早已收回，蓋了嶄新的兒童醫院。那時防癆局與臺大教學合作，楊思標每週都會到防癆局教學。「防癆局是一個獨立的醫療機構，有一百床，專收結核病患。但那時候有點像是臺大醫院附屬的胸腔科病房，臺大教授都會來這邊教學、看診，我們有任何困難也都請教他們。」

李仁智跟楊思標教授比較特別的因緣是，每週三他會跟在楊思標的診間裡學習，看醫師怎麼問診、開藥。

那個時代，沒有電腦，教授會在病歷上寫著「這個病人有哪些症狀，需要哪些藥」，「我們助手就在旁邊幫他把藥名謄寫在處方箋上，處方箋交給病人，再讓病人去拿藥。不然教授一口氣要寫兩份處方，實

在忙不過來。」李仁智說，跟在診間幫忙打雜、當助手，老師也會教你「我為什麼要用這個藥、這個病人為什麼要這樣處理」等，就像學徒跟著邊看邊學，而當時每位胸腔科教授的診間都要如此跟著學習。

李仁智這樣跟了楊思標半年餘，對他的病人日漸熟悉，而楊思標主導的結核病研究，李仁智也多數跟著參與。當時楊思標擔任臺大醫院院長，偶爾實在忙不過來時，就會請李仁智協助看診，教授一通電話：「你今天幫我看診啦。」小兵戰戰兢兢，絲毫不敢懈怠，學中做，做中學，從此磨練成大將。

「我們不論在臨床上、或是研究上，都跟著楊教授密切學習，直到我當上主治醫師，甚至到現在，都還在跟他學習。」李仁智感謝楊思標教授這四十年來無私的教導，更感念楊教授所帶出的陸坤泰教授、郭壽雄教授等，都是他學習路上，最敬重的標竿、老師與前輩。

青出於藍──「都治計畫」引進花東

花東地區的肺結核病患一直高於全國平均值，

且愈窮困的地區，肺結核愈盛行。楊思標對於窮困病人是否能得到醫治，以及病人是否確實服藥的用心，李仁智長期看在眼裡。他跟這位「胸腔內科的祖師爺──楊思標」同樣在意，為了醫治後山的肺結核患者，李仁智成了臺灣第一位積極將「都治計畫」引進狹長花東的醫師。

推動都治計畫，也讓李仁智成了追著病人跑的醫師，不論晴天雨天、不管路遙顛簸，他總是親自前往患者家中，送藥到府，看著病人服藥入口，也送上他最真摯的關懷。有些地方實在無法天天往返，李仁智便透過「雲端都治」，等病人的服藥時間一到，便打開手機，透過影像傳輸看著病人吃藥，為病人打氣。

2007年，李仁智更結合臺灣東部多家醫療院所，建立完整的醫療照護網路，積極防治，以對抗結核病的蔓延。同時，他啟動「DOTS-Plus」照護系統，以專車聘任專業護理人員進行「都治」、關懷病人，隔年更獲得國家品質標章認證。

李仁智在花蓮慈濟醫院所帶領的肺結核防治團隊，更創下當時結核病陽性個案完治率86.8％，高於

世界衛生組織的預期目標；花東地區多重抗藥性結核病78.3％的完治率，高於全國，也超越世界衛生組織的54％完治率，大大提高花東肺結核的治癒率。

他甚至曾發下豪語：「自己的病人自己醫，國人的疾病自己救。」2014年，他以臺灣本土案例，出版了第一本中文胸腔科醫學教科書《胸部影像學》，積極分享胸腔疾病的診斷與防治。他持續多年，從未間斷地上山下海探訪病人、推行公衛；為貧病患者爭取資源、積極創新；總是充滿熱情的教學傳承，這股認真與傻勁，讓他獲得第二十五屆醫療奉獻獎的肯定。

昔日學生的努力，讓楊思標大感寬慰，師徒一心，為對抗臺灣肺結核而努力。李仁智說，「『結核病的防治』是楊教授一生志業裡，最為看重的事。楊教授曾擔任中華民國防癆協會八年的理事長；然後是他的學生、我的老師，陸坤泰教授當選，又做了八年；接下來由我接棒、擔重責，我現在是第七年。結核病的防治，也像是我們的傳承，一棒接一棒，讓臺灣遠離肺結核，是我們共同的使命。」

曾是人類致死率最高的肺結核，如今已不再有聞

之色變的驚恐，臺灣的防癆政策與研究，走過漫長七十載，楊思標幾乎無役不與，貢獻良多，他更將這份責任與使命感傳承給更多醫者，他們共同為臺灣結核病的防治，投注心力，守護臺灣人的健康。

❶ 四〇年代，是指西元1940至1949年之間。本書所書寫之年代，皆以西元為記。

臺灣胸腔 X 光判讀之父

　　每當夕陽西下，月光漸起時，臺大醫院已結束一天的門診，但臺大「六西病房醫務室」裡，卻開始聚集人潮，胸腔科的醫師、醫學生全擠進這間醫務室。

　　在這裡，楊思標教授「悠哉悠哉」地展開他的胸腔X光（CXR）判讀教學，雖是自由參加，卻總是場場爆滿。醫師在前頭，學生擠在後頭，每每站在最後一排的，還要拿椅子墊腳才看得到老師及X光片。這是七〇年代，臺大「六西病房醫務室」的獨特風景。

　　現年七十七歲的臺大郭壽雄教授，回憶起當年情景，瞇眼微笑，臉上有光：「那真是段難忘的教學時光。」郭壽雄是楊教授的徒孫輩學生，一路跟隨前輩學習並傳承，那段年輕時的學習光影，更影響他以「胸腔內科」作為此生從醫的志業。

　　當時，六西病房主要是胸腔科與感染科的病房。

三、四十年前，X光影像尚未數位化，每天臺大內科門診病人的X光片都會送到六西病房醫務室。楊教授用這些片子教學，同時也看看門診醫師們的診斷是否準確；如果有沒被看出來的病灶，他會在上面做註記，下次病人回診時，醫師就會發現哪裡漏看了。

對學生來說，這是在以講義、幻燈片的課堂教學之後，最珍貴的課外教學。每張X光片的判讀，楊思標教授總是帶著學生，先從「整體觀察」看起，包括X光片拍攝的品質好壞、拍攝範圍——從頸胸到腹部是否都拍到了、拍照的姿勢、病人的性別、年齡、身高、體重、左右區別等。

接著再進入「分段觀察」，從骨骼（骨質變化、胸廓左右是否對稱或畸形）、頸部、心臟（是否肥大、縮小或異常）、大血管（是否粗大、彎曲、鈣化、突出）、氣管（是否異位、左右分歧、狹小或有異物）、縱膈（是否變寬、突出、有腫瘤）、肺門（觀察左右位置、形狀、是否肥大或縮小）、肺紋（觀察增強、減弱、是否異常）、肺部（是否有異常陰影）、肋膜（是否積水、肥厚、鈣化）、軟組織（觀察乳

房、乳頭、皮下組織）。同時研讀病歷及相關檢驗結果，最後再做出綜合判斷。

看片過程，楊教授也會不時抽問學生，「你看看這是什麼問題？」被叫到的同學往往因而印象深刻，學得更好。

「這對病人來說是雙重保障；對學生而言，更是寶貴的實務教學。」郭壽雄說，而這些都是楊教授利用下班時間來教學，有興趣的醫師、學生自由參加，舉凡想不通的、看不懂的，可以隨時提問。楊教授每天帶著看片（除了每週四是全院的臨床病理討論會外），這樣長期累積下來，臺大的醫師、學生對胸部Ｘ光片的判讀都有相當的水準，「曾有位大五的女學生經常來聽，到她畢業時，看病能力已經與第三年的住院醫師差不多了。」

神乎其技的「Ｘ光片判讀」

楊思標精準的胸部Ｘ光判讀技巧，不僅是國內第一把交椅，也曾在國際上大放異彩，一舉奪冠。1968年在澳洲召開的「世界防癆聯盟西太平洋區會議」，

同時也舉行國際的「胸部X光判讀比賽」，儘管現場高手雲集，楊思標依然不負眾望，獲得冠軍，為臺灣爭光。數年後，他的大弟子林吉崇教授，同樣在曼谷舉辦的「亞太胸腔病學會」中得到國際胸部X光判讀比賽冠軍的殊榮。就連他所指導的學生們，去了北美留學、服務，也常因為X光片的判讀比美國醫師強，受到肯定，而屢屢回頭感謝楊教授的教導。

楊思標為什麼如此重視「胸部X光判讀」教學？為何如此日復一日，超過三、四十年的歲月，長期帶著主治醫師，層層教導新進醫師、醫學生，磨練看片功力？因為胸部X光，除了能瞭解病因，還能很快掌握病灶的大小、形狀及分布；讀片能力強的醫師，往往還能診斷出頸部、腹部臟器的疾病或全身性疾病，所以胸部X光又被稱為「身體之窗」。有些病人以為是胸腔疾病，後來一看片，就會發現病因是其他器官轉移而來或全身性疾病，而不是胸腔本身的問題，如此可以即時對症下藥，醫治病人。

郭壽雄更言簡意賅地指出「X光判讀」的重要性。現在許多疾病透過檢驗的數據就可以知道是否正

常，比如肝功能、白血球指數，如果異常，跳出來的數字還以紅字標示，但是判讀Ｘ光片沒有數據，全憑真功夫，這功夫就像「十年磨一劍」，經過日日磨練，才會有精準判讀，可以正確治療。

對一位臨床醫師而言，「會不會判讀Ｘ光片，在疾病診斷上是天壤之別。譬如，患者已感染肺炎，若看不出來，而只知有發燒、咳嗽，就會造成誤判，對病人的影響很大。」郭壽雄說。

楊思標的次子楊錫欽，同為臺大胸腔內科醫師、臺大教授，他提到：「在Ｘ光判讀上，我也是受父親訓練，他的要求是至少要看過一萬張，才會初步累積自我的認識與判斷。但其實還不夠，經驗再多一點就知道『天下之大，無奇不有』。」好學的楊錫欽點出了身為醫師的學無止境。

「即使在今天電腦斷層Ｘ光（CT）流行的年代，平面胸腔Ｘ光片卻依然屹立不搖。」楊錫欽說。高科技的電腦斷層檢查，其優點是解析度比常規胸部Ｘ光細膩，可以看得更清楚，而且沒有死角（指被心臟遮住的部分小縱膈腔）；但是有優點就有缺點，它的短

處則是患者必需接受較高劑量的輻射，且醫療費用不貲。

因為電腦斷層X光檢查被大量使用，患者身體所接受的醫療輻射劑量往往大於背景輻射（指來自陽光、土壤、外太空等之輻射），而單次的CT檢查所耗用的輻射劑量有可能超過患者一年的背景輻射量，這也是至今平面胸腔X光檢查仍如此重要的原因之一。

提到恩師，郭壽雄教授則特別感念：「楊教授的X光判讀很精準，但不只他自己厲害，他毫無保留的一路訓練下來，臺大胸腔科醫師的X光判讀都很厲害，像是林吉崇教授、陸坤泰教授等。而楊教授即使後來當了教授，很忙，卻還是一樣，從最基本的一步一步慢慢教學生看片，這是很不容易的。」

楊思標教授以身作則的教學風範，陸坤泰、郭壽雄等子弟兵也接續他的精神，義務教學、仔仔細細帶學生看片，如此一脈相承，讓臺大胸腔科的X光片判讀功力至今仍備受肯定。

靠醫術 不靠科技

「沒有什麼比看到病人健健康康出院更值得高興的事!」楊思標常說,救治病患、減緩病人身心的苦,是每位醫師都該盡全力做到的事。

談起他的問診,郭壽雄提到:「一九七二年,我進入臺大胸腔科時,起初幾個月是跟隨楊教授看門診。他看診時總是不慌不忙,仔細傾聽病人訴說,也總是儘速為病人解決問題,需要照胸部X光片者總是一次完診,以免病人往返奔波,並得以早日治療,使得內科門診的小妹為了取片,經常跑得不亦『累』乎。」而這正是楊思標體貼病人的心。

當時呼吸系(即現今的胸腔內科)特別門診集中在星期三下午,幾個月後,楊思標讓郭壽雄自立門戶,在最後一間看診,當時轉診的病人不能選醫師,皆由護士分配。郭壽雄笑談往事:「有時,病人一看到是我,會說『唉喲,這少年仔會看嗎? 我不要!』,或是說『可是我都是給楊思標教授看的』,護士就會看情形回應『不行,你就是在這邊。』或是要

病人現場排隊等候楊教授。」

讓學生難忘的，還有楊思標教授精湛的醫術。楊思標非常重視「理學檢查」，他從胸部Ｘ光片上即可判讀出是否有胸水存在。

抽胸水很重要，能拿到最直接的檢體，就像肺發炎咳個痰，便能培養細菌、找出細菌來對症下藥、治癒病人。胸水能不能抽得出來，就是技術，除了對照Ｘ光片外，還要叩診、聽呼吸聲，才能準確找到位置。每當住院醫師抽不出胸水時，楊思標總是說：「好，我明天去抽。」

「經常是楊教授的針一下去，水就流出來，常讓學生們大為歎服，如今已經有很好的超音波掃描可以提示何處下針才有水可抽，因此後來年輕一輩的醫師少有機會欣賞楊教授高超的抽水技術。」郭壽雄說。

老醫師，磨出一身功夫

早年沒有電腦斷層攝影、超音波等儀器，全憑醫師這裡敲敲、那裡打打，聽叩擊聲音、聽呼吸聲，仔細判讀Ｘ光片以及詳細問診來判斷病情，郭壽雄讚

歎：「像楊教授這輩的老醫師，是這樣磨出一身功夫的。」

如今時代進步，超音波一照，就知道有沒有胸水；電腦斷層一掃，連腫瘤大顆小顆都很清楚。隨著醫療儀器的進步，從前老醫師熟練的基本功，似乎也漸漸失傳了。曾有中國的醫師來臺灣參與X光判讀交流時提到：「我們看胸部X光功力稍嫌不足，因為我們大多做電腦斷層。」

郭壽雄說，這也是老輩醫師所擔心的，一旦開始依賴電腦斷層等高科技，就不會想再去研究胸部X光片表達了什麼？到底哪裡有問題？差別是什麼？現代高科技的醫療儀器，當然要學會，但如果傳統看病的功夫漸漸消逝，全讓儀器取代，背後代表的除了醫療費用勢必大幅提高外，傳統醫療的技藝也將逐漸失傳。

不急不徐　細細問診

曾經跟過楊思標看診、學習的醫師，都對他不急不徐、仔細問診的功力，非常敬佩。有時也不免讓學生心頭一驚：「老師這樣細細問、慢慢看，病人還那

麼多，要看到什麼時候啊？」

花蓮慈院剛成立時，楊思標每週六前來開設胸腔科「特別門診」，然而，上午時段的門診往往看到下午，都還不得休息，當時他的妻子寶玉忍不住勸他，「你也要為護理師想想，她們到了下午還不能吃飯、休息，很辛苦啊。」楊思標俏皮回應：「唉呀，妳不知道，病人看到我，這樣慢慢問，病就好一半了。」

這當然只是楊思標的玩笑話，卻也說明了醫病關係中，相互信任的基礎來自更多的對話與理解。而楊思標真正在意的是，唯有細心問診，才能「觀而斷」，做出正確的診斷。

曾跟隨楊思標多年的郭壽雄醫師也提到問診的重要性，「比如咳嗽，咳多久了？有沒有痰？是什麼時間咳？早上咳還是晚上咳，是上半夜還是下半夜咳？坐著容易咳還是躺著容易咳？怎麼咳？咳起來是一陣咳得很厲害，還是一天很多次，慢慢咳，還有沒有其他症狀？是否抽菸、用藥或其他環境因素……等。不同時間的咳嗽與咳法，可以區分出不同的病因，這些都需要靠細心問診，而不是一聽到咳嗽，就去照Ｘ

光，X光有問題，就判定病人有問題；X光沒問題，就判定沒問題，只要是咳，一定有其原因。」甚至包括病人的疾病是否與其職業相關，都是要留意的。

郭壽雄自臺大退休後，只接受轉診病人，每次門診病患數量降至二十人上下，他便學楊思標教授慢慢看，還有病人受寵若驚的問他，「郭醫師，現在還有像你這樣看病的醫師嗎？」

其實能如此看診，郭壽雄很歡喜：「退休後這樣看病，是一件非常好的事，可以跟病人好好談這些症狀，慢慢解釋清楚，才深深體會以前老師（楊思標）那樣細細看病其實是很enjoy的。當然現在每個診都有很多病人，老師的要學，而在不同時代背景下，現在的醫師也有他們的難處。」

早年臺大醫院胸腔內科，原本集中在每週三看診，郭壽雄卻發現，病人如果是週四、週五從南部來就醫、轉診到胸腔內科，就要等到下週三再跑一趟，才能看診。為了不讓週四、週五的病人等那麼久又如此奔波，他向楊教授建議，胸腔內科的五位醫師可以拆開來，在不同時間看診，也獲得楊教授同意。

對郭壽雄而言，楊思標教授如師如父，更是當年影響他決定踏入胸腔內科的領頭恩師，他有不同想法時，也都勇於向楊教授建議商量，楊思標過了九十多歲後，每每師徒共同參加聚會，郭壽雄總會陪著搭計程車送老師回家。在夜晚的歸途中，楊教授會告訴司機，哪個路口要右轉，哪個巷口要左轉，然後再右轉，總讓司機讚歎佩服不已，而這段難得的師徒情誼，至今依然緊緊相繫。

下鄉田野調查的醫師

1973年，楊思標主持臺灣第一次大規模的肺結核及肺癌盛行率調查。他不假手他人，自己開著金龜車，載著學生，風塵僕僕地跑遍全臺：從桃園、新竹、苗栗、名間，到南部的嘉義、新營、高雄、屏東，甚至花蓮、臺東，都有他一一尋訪肺癌病人的蹤跡。

郭壽雄猶記得出遠門前，楊師母殷殷叮嚀：「郭醫師啊，楊教授就交給你照顧喔。」然而，從那趟田野調查般的疾病追蹤之旅，郭壽雄才發現楊思標不只醫術高超，「他到臺灣各地，他的醫生朋友們都對他非常好，也很配合他。人家會對他那麼好，我想是因為他對人也有情有義、同樣的關懷與付出。」

郭壽雄曾聽聞一句醫者名言：「要做醫師前，要先學會做人。」在他眼裡，楊教授不會告訴學生怎麼做人，而是以「身教」帶著學生待人處事，「楊教授

不會說，但我們會看、會跟著學。」

在流行病依然橫行，通訊、交通、醫療卻不發達的年代，醫師們不是只關在研究室裡做研究、或待在醫院裡等著病人來看診，更需要「起而行」，如同人類學家一般，跑田野做研究。而在臺灣各地鄉間也不乏有在地「往診」的醫師，拎著一只醫事包前往病人家中看病。

因此當時的醫師，可說是病人全方位的守護者，除了醫病，也要兼顧「公共衛生」、走訪各地田野調查。如此才能知道某項疾病的發生率、是否好發在哪個年齡或性別、是否有好發的地區、最可能的影響因子（包括環境）是什麼等，像是結核病、烏腳病、塵肺症（矽肺症）等，當年都是透過醫師們一步一腳印，翻山越嶺調查出來的。他們研究出流行疾病的盛行率、好發因素，才能進而提出如何控制疾病，及有效的醫療政策。

臺灣最早的塵肺症調查

好比楊思標早年的塵肺病調查，最初是病患求

診，逐漸發現相似病患都來自基隆，是挖礦的礦工，推測疾病與環境、職業有關，因而前往當地展開調查，當時這類的調查大都由教學醫院的教授帶頭，領著年輕醫師或學生前往當地查訪。

1952年，楊思標在臺大醫院發現三名塵肺病病例，皆是在金礦或煤坑工作的礦工。他觀察，臺灣北部的金礦、煤礦在當時已有幾十年的歷史，塵肺症應早已存在，只是向來被忽略，被診斷為肺癆或支氣管喘息，因而不曾對病人的職業加以關注。

楊思標認為當時臺灣日趨工業化，塵肺症勢必增加，更應即早調查塵肺症的現狀，以確立對策來保障勞工的健康及工作。隔年二月，楊思標便帶著學生赴金瓜石金銅礦山，為所有在礦坑內的工作者做胸腔X光的集體檢查。一共檢查了261名，皆為男性，也發現坑內溫度較高，礦工在工作時是半裸上身且未戴口罩。檢查結果發現罹患塵肺症者有92名，佔比超過35%。此調查也將在礦坑從事不同工作項目、工作時間（年數）與罹患率的關係，做了清楚的分析；其中，負責風鑽工 ❶ 的罹患率最高，為41.6%，而從事

風鑽工九年以上者，罹患率更高達84%。

這是臺灣最早的塵肺症調查，也是臺灣第一個發現工作環境對疾病產生重大影響的研究調查，無疑為勞工的健康與安全提出重大提醒。日後更有研究者直接建議礦工待在礦坑內的工作時數必須嚴格限縮以保障礦工。

五〇年代末期，楊思標教授的學生曾文賓教授（前花蓮慈濟醫院院長，人稱烏腳病之父），同樣前往嘉南沿海一帶，投入「烏腳病」研究。曾文賓親自查訪、追蹤一千八百多例個案，找出了致病原因為飲用含砷量過高的深井水所導致，因而促成政府為該地建設自來水管線、改善飲水，杜絕疾病。

楊思標許多結核病的研究也是如此，除了本島調查外，他的步履也曾遠赴蘭嶼、綠島，做肺結核的臨床病理調查。他們這般熱血地走往偏鄉，踏查、研究，提供政府疾病流行趨勢及防治政策，也不斷帶著新血投入，是臺灣流行疾病研究與防治的先驅。

難忘的時光

在同儕或學生眼中，楊思標胸懷遠見、才思敏捷，總能悠哉悠哉的成就一番大事。1973年，跟隨楊思標進行全國肺結核、肺癌大調查的郭壽雄醫師笑說，「他做事不慌不忙，但開車卻很快。」郭壽雄曾搭著楊思標的金龜車，隨老師全省跑透透，他如此描述那段特別且難忘的時光：

「那年，趁臺灣省防癆局施行臺灣地區肺結核盛行率調查之便，進行臺灣第一次肺癌盛行率調查，臺大醫院全體胸腔科醫師在楊思標教授領導下看了六萬五千四百七十七張的『胸部X光小片』，其中略有肺癌可疑者116人。

接著我們安排全省各地的病人就近到特約醫院拍攝胸部X光大片，楊教授則帶著我一一尋訪這些有可能罹患肺癌的病人，包括在醫院住院者，或是由公衛護士帶領前往病人家中訪視。

其間，與楊教授朝夕相處，深深感受到楊教授嚴謹與專注的工作態度，也體會了楊教授忙裡偷閒，善

於調適生活的養生之道。難怪楊教授不管到幾歲，都能維持容光煥發、精神奕奕，讓許多後輩自嘆弗如。」

這次調查，郭壽雄主要負責痰液的痰細胞檢驗，先蒐集，回來再檢驗。當時，楊思標的大弟子林吉崇醫師剛從日本留學歸國，所學正是癌細胞的檢驗與診斷，無疑為研究團隊增添新力，郭壽雄自此也跟林吉崇學習癌細胞的診斷。

之後，楊思標與陸坤泰、郭壽雄、林吉崇、陳拱北等人共同完成「臺灣原發性肺癌的自然發展史及其流行病學的特徵」，論文也同步在日本發表。

七〇年代的田野調查

楊思標的次子楊錫欽就讀臺大醫學系四年級時，也曾參與公共衛生的調查。只是到了七〇年代，臺灣的流行疾病漸趨穩定，他們的調查也從特定疾病轉向為基本體檢服務、健康狀況檢測，以守護偏遠地區民眾的健康。

當時楊錫欽和六、七位同學跟著一位老師，前往梨山的佳陽、環山等部落，為全村村民健康檢查，量

身高、體重、測視力、抽血檢查（看肝功能指數）、糞便檢驗（是否有寄生蟲等）等基本資料的調查。

　　環山部落位在東西橫貫公路上，一處山谷裡，海拔一千六百多公尺的臺地，一個泰雅族的部落。令楊錫欽印象深刻的是，當時的調查有國軍支援，因此他們這支調查隊伍，是由軍人開著軍用大卡車，一路搖搖晃晃，載著所有的檢驗器材及一行人前往，車子彎進部落，才發現裡面是個很大的聚落。

　　到了現場，師生們全住在部落國小的教室裡，要前往哪裡做調查，再由軍用卡車載送他們過去，「我那時都那麼克難了，可想而知爸爸年輕時去蘭嶼、綠島一定更加克難。」楊錫欽說。

---

❶ 風鑽工，指持風鑽採石、採礦、掘進的工人。

轉動時代的巨輪

　　楊思標早期的臨床研究論文，在國際上備受肯定，更被引用在醫學教科書上。當時臺灣醫學研究者的情懷，多是從臨床中找題目，出發點是為病人的疾患尋找解決之道，以治癒病人。

　　早在1951年，一位咳血的輪船機關長前來求醫。起初，這位病患被當成肺結核病治療，但楊思標從痰液培養中發現異樣，再從詳細問診、臨床研究、痰液觀察中發現了肺蛭蟲，日後更研究出肺蛭蟲在體內的完整路徑。

　　回頭追蹤，這位機關長曾在上海生食毛蟹，因而吃進寄生在毛蟹上的肺蛭蟲卵。這種蟲卵常寄生在蝦蟹貝類中，一旦進入人體，蟲卵會先在小腸孵化成幼蟲，再鑽出小腸跑進腹腔、橫膈，再到胸腔，最後進到肺臟長成成蟲並產卵，因而容易造成咳嗽、咳血、

呼吸易喘、氣胸等症狀。

　　精益求精的楊思標，回頭逐一檢視病患歷來的胸腔X光片（CXR），更觀察到肺蛭症與一般肺結核，在X光片呈現上的差異，讓X光判讀的精準性又向前躍進。

　　這項本土經典的肺蛭蟲病臨床研究論文，1952年先在臺灣醫學學會會誌發表，之後，也在美國及日本發表 ❶，不僅讓楊思標獲得博士學位，更讓他在國際上大放異彩。

　　1954年，楊思標在西班牙巴賽隆納召開的國際胸腔病學會，發表生食螃蟹引起的肺蛭蟲病研究報告，引起國際醫學會的重視。1955年也在美國的Chest雜誌發表，這是臺大醫院臨床研究最早在國外一流雜誌上所發表的幾篇論文之一。往後十年間，楊思標持續研究並發表肺蛭症相關論文，他的研究不但被其他論文所引用，更被援引在醫學教科書上。

檢查出第一例肺癌病患

　　曾為臺灣國病的「肺結核」隨著特效藥鏈黴素

的出現及醫療防治政策，雙管齊下，逐漸獲得控制。胸腔科隨之而來的挑戰，即是肺癌，而臺灣第一例肺癌確診病例，正是由楊思標所發現的。1957年，楊思標從一位患者的胸腔X光片發現異狀，接著由同班同學、耳鼻喉科的杜詩綿醫師操作硬式支氣管內視鏡的生體切片檢查，透過病理組織報告，發現第一個扁平上皮癌（肺癌）病患。

「當時的支氣管鏡是鋁製的，從日本進口，又硬又大，讓病人非常辛苦，一直要到三、四年後才有軟管內視鏡的出現，減緩病人檢查的痛苦。」楊思標說，肺癌的病兆和肺結核非常相似，容易造成誤判，他從諸多病例中分析研究，發現肺癌多半生長在肺部或是支氣管，於是他利用支氣管內視鏡和X光片追蹤病患不同時期的狀態，因而發現癌細胞。

肺癌依其形態及特徵可分成好幾類，主要有小細胞肺癌、腺癌、鱗狀細胞癌、大細胞癌等四大類。1957年，楊思標與黃錦棠、杜詩綿，共同發表「原發性肺癌」論文。

而這一年對楊思標而言，也是意義非凡的一年，

他終於完成了年少時的夢想：成為醫學院的教授。這條醫愛、傳道、授業、解惑之路，他一路走來不曾懈怠。視病人，猶己親；待學生，如春風，春威凜凜、慈愛並進。

七〇年代，楊思標針對臺灣肺癌的臨床特徵及變遷，與林吉崇、陸坤泰等人，再度發表臨床研究論文。早期，楊思標前往花蓮前，會先到羅東的醫院教學、指導，有一回，羅東有位病人被當地醫生宣判得了肺癌，傷心欲絕，後來經由楊思標的Ｘ光判讀、檢查，發現只是肺結核，讓病人放下心中大石，破涕為笑。

楊思標不是關在實驗室裡做研究的醫生，而是透過臨床觀察、診治、流行病學報告，發表出許多精彩的論文研究，在臺灣第一次發現的病例報告尤多。他時常提起，當時的臨床研究大都是細心問診加上基礎檢驗、長時間仔細觀察才能做到的。

不論是對待病人，或是醫學研究，他專注、認真、誠懇的身影，不僅造福病人，更以身教帶動了許多優秀的後輩學生。

傳遞醫術　遍地開花

　　醫術精湛之外，楊思標最讓同儕及後輩們大為讚歎的，還包括不藏私、不排他，獨創醫學研究討論的先鋒。

　　他的同儕好友宋瑞樓教授（臺灣肝炎鼻祖）曾在《臺大醫院壹百年》中寫到：

　　「特別要提起的是，楊思標教授於1951年自美國留學回來後，當時只是講師就推動召開臺北市聯合胸腔疾病討論會，這是臺灣首次的定期院際聯合討論會，不但對於胸腔疾病學之發展有貢獻，且當為其餘醫學領域之模範，是臺灣醫學發展史上應特記的大事。」

　　他的學生陸坤泰教授則在《楊思標教授榮退紀念特輯暨論文集》一書中提及，當年臺大在醫學界是「唯我獨尊」的時代，楊教授所主持的臺大呼吸病診療教學及研究，卻捐棄了一般學院派關在象牙塔的封閉風氣，而積極的與榮民總醫院、三軍總醫院、防癆機構合作，每週五輪流舉辦「聯合胸腔病討論會」，這

在當時都是突破性的創舉，備受醫界矚目。

這個討論會，在不拘形式且開放、融洽的氣氛下，大家提出有興趣的病例，自由討論、互相切磋、交換心得，同時也聯絡感情，它是國內最早的專科臨床醫學討論會，持續了五十年，也是國內歷史最悠久的聯合醫學討論會。

不僅如此，當時年僅四十歲的楊思標也積極前往臺灣各地，毫不藏私地傳授醫術。他總是率先帶頭，譬如他最初單槍匹馬，每月赴彰化結核療養院指導教學，之後便邀請臺大劉禎輝教授及肝癌權威宋瑞樓教授同行指導。後來擴大在臺中市舉辦醫學教育演講會及病例討論會，同時也在臺中醫院施行床邊教育，讓彰化及南投的醫師都能參與。

此舉提升了臺中醫院及當地的醫療水準，讓當時的衛生處處長許子秋先生大為讚賞，他原想向臺大借調宋瑞樓教授前往擔任省立臺中醫院院長，然宋教授推薦了更適合的火車頭——楊思標前往。楊思標果然不負眾望，在短短一年間，提高了臺中醫院的醫療品質與技術，增加了醫院的收入，更增進了省立醫院與

醫師公會間的合作。

　　此外，在結核病依然橫行的年代，楊思標更關心臺灣整體胸腔醫學的提升，他指派臺大醫院的胸腔科醫師到各地支援病例討論會，協助將X光判讀的能力、正確的診斷及治療，傳遞給全臺各地的胸腔科醫師。六〇年代，他的學生林吉崇和陸坤泰每月定期前往臺中及嘉義主持當地的胸腔病討論會；郭壽雄則前往臺東及高雄帶領⋯⋯，當時臺灣各個城市都有楊思標的子弟兵定期前往指導。

　　「主要是因為地方本身沒有這麼多的個案可以研討，而我們在臺大可以看到各式各樣不同的疾病，也比較能透過病理追蹤獲得正確的診斷與治療，所以我們會準備一些研討案例給他們看，他們也會提出一些個案來讓我們指導。」郭壽雄說，當時臺大的胸腔人，包括楊教授在內，都像神力超人一般，看診、研究、教學、寫論文、往返各地支援胸腔病討論會，雖然工作量大，收穫倒也很豐碩。

　　如今交通便捷，高鐵或飛機大幅縮短各縣市的距離，但早期臺大胸腔人往返各地的時代，儘管有飛

機，飛安並不牢靠，總是坐得膽戰心驚；他們多數搭乘的火車或客運，更是耗掉大半天的時光，一出門便是從白晝到黑夜，若不是憑藉著一份為臺灣醫療奉獻的心，是無法這樣長期奔波的。

令人動容的是，在楊思標及其團隊無私的努力下，大幅提升了臺灣胸腔醫學的整體水準，而受益最大的，還是全臺各地受肺結核及胸腔疾病所苦的病人。

臺灣首次國際醫學會議

楊思標年年帶領臺灣年輕一代的胸腔科醫師，參加國際性胸腔病會議，總是引介各國著名學者，彼此認識，有助於學術交流，並提升臺灣胸腔病學的水準以及國際地位。

早年，國際胸腔病學會每四年舉行一次世界胸腔病學會議，開會地點皆在歐美各國，亞洲的醫師較難有機會參與。楊思標遂聯合日本京都大學、韓國延世大學的教授，共同向總會建議在亞太地區舉行胸腔病會議，讓亞洲的醫師透過觀摩、研討、交流，討論具有地域性的特殊胸腔及呼吸疾病，以提升整體胸腔病

學的國際水準，增加國際交流。

楊思標的建議受到美國總會及亞洲各國分會的支持，1969年，由日本分會在東京率先主辦第一屆亞洲太平洋地區胸腔病會議。楊思標則在該會中，爭取並承擔起第二屆大會的籌辦業務。

1971年11月11日，第二屆亞洲太平洋地區胸腔病大會（APCDC），由臺灣主辦，楊思標主持，這是臺灣第一次舉行國際性醫學會議。楊思標特地邀請日籍恩師桂重鴻前來參與盛會，開幕典禮在古色古香的國賓飯店舉辦，學術演講則在臺大醫學院舉行，四百多人參與盛會，與會者除了亞太各國外，也不乏歐美學者前來。雖然當時沒有獲得政府的經費補助，但楊思標依然在亞太會員協力下完成了盛況空前的大會。

這個大會還有其時代意義。1971年，臺灣退出聯合國，而早在此之前，蘇聯及其他親共國家已不斷提出「中國代表權問題」，最終臺灣從聯合國創始會員國被驅逐而出。以當時的國際情勢及臺灣的處境而言，楊思標能促成國際醫學大會在臺灣召開是非常具有前瞻性的，更促進了亞太國際間的情誼。

不論是 X 光判讀的高超技藝，或是將本土學術研究推向國際舞臺，楊思標這些成就並非偶然。他非常重視基礎醫學知識的修持，花費許多心血與時間鑽研呼吸生理學，臺下數十年功的努力，奠定了札實的根基。他的妻子曾這麼形容他，「他即使在家，還是書不離手。」就算即將邁入百歲，楊教授手上拿著的，依然是國內外的醫學雜誌、新書或病歷研究。

承擔臺大醫院院長重責

　　1978 年，楊思標擔任臺大醫院院長，那年他五十八歲，踏入醫界服務已逾三十六年。他從日治時期臺北帝國大學醫學部內科的無薪副手走來，歷經戰後醫療資源最貧瘠、克難的時代，一路從臺大醫學院的助教、講師、主任、教授，省立臺中醫院院長、臺大醫院副院長，到承擔起臺大醫院院長。這一路的跋涉與拚搏，楊思標總是帶著無窮創意，樂於分享，開啟醫療創新，甚至醫療外交的先例。

　　然而生為臺灣首屈一指的教學醫院院長，挑戰從來不曾少過。1979 年，臺中的中山醫院送來了醫學

史上相當罕見的「三肢坐骨連體嬰」到臺大醫院。連體嬰胸部以下相連，只有三條腿、一個臀部、一個肚臍、一個肛門，且肛門閉鎖。當時全球只有三對三肢坐骨連體嬰分割手術，美國的手術雙胞胎均存活，法國均死，英國則是一死一生。

經臺大醫院檢查後，研判手術成功機率僅佔百分之五十，且即便手術成功，這對雙胞胎也將面臨術後的殘障、畸形，必須與身體長期抗戰。這對雙胞胎的父母因為家貧無力照料特殊的孩子，早已放棄扶養，因而分割還涉及法律、龐大醫療費用，及日後長期照護的問題。

因此臺大大多數的醫師反對分割，時任院長的楊思標代表醫院作出「不予分割」的決定。此舉卻引起輿論聲浪，希望臺大醫院重新評估。楊思標一肩擔起罵名，也召開臨時醫務會議重啟評估。會後，臺大醫院提出，只要家屬簽立手術同意書，專案募款一百萬元，以及找好寄養機構，臺大即為連體嬰啟動分割手術，顧全醫療、人道及法律責任。

之後，連體嬰的父親前來簽署同意書，內容載

明：分割手術是一項「實驗性醫療行為」，成功率只有百分之五十，分割後仍會造成嚴重畸形及殘廢。

全臺矚目的分割手術

決定接手分割手術後，楊思標啟動跨科別的合作團隊，邀集：小兒外科陳秋江教授、洪文宗教授、陳維昭醫師；心臟外科洪啟仁教授（時任外科主任）、陳楷模教授；骨科陳漢廷教授；泌尿科許德金教授；整形外科陳明庭教授；麻醉科趙繼慶醫師；也跨院邀請中山醫院巫堂鑒及林榮一醫師 ❷，同時推派小兒外科醫師洪文宗、陳秋江、陳維昭共同主持分割。

之後，持續三個多月，由二十幾位醫師組成的分割小組，每週四舉行討論會，匯聚多位教授豐富的經驗與學識，充分討論各項檢查結果、研判連體嬰的身體構造、研討每個分割細節。在這段期間，洪文宗教授、陳維昭醫師也為連體嬰進行了十五次的「氣腹術」，好讓連體嬰撐出新的皮膚，以為分割後縫合做準備。

這樁全國關注的手術，即是當年的「連體嬰忠仁

忠義分割手術」。

　　1979年9月10日，執行分割手術的重大日子終於到來。臺大醫院外科病房早在前一天起，即停止所有手術，集中三十餘套手術器材，供連體嬰分割術使用。清晨六點三十分，手術開始，臺灣第一次手術實況轉播在臺大醫院的第七講堂展開。

　　由洪文宗教授畫下第一刀，接著由陳楷模教授主刀，進行第一階段的肝臟分割，順利完成後，進入第二階段的泌尿系統分割，由許德金、蔡崇璋兩位醫師完成。第三階段，也是最困難的骨盆分割，儘管步步驚險，陳漢廷教授依然鎮靜地穩住大局，最後，當他篤定地看了在場醫師一眼，畫下最後一刀，忠仁忠義成功分離的那一刻，整個開刀房的醫師難忍興奮的大叫了，那是歷史性的一刻！

　　緊接著第四階段的重建手術，由陳秋江與陳維昭兩位醫師分別為忠仁、忠義重建人工肛門並縫合腹壁。長達十二小時馬拉松式的接力手術，動員了三十六位醫師及護士，晚上八點三十分，手術成功完成之際，臺灣所有守在電視機前面的觀眾歡聲驚呼！次

日，三大報頭版頭條大幅報導這則舉國歡騰的新聞：

臺大醫院成功完成「三肢坐骨連體嬰」分割手術，是亞洲第一例，是世界「成功分割」的第三例，這是臺灣醫術空前的成就。

醫療之外　全民之愛

成功的分割手術背後，也乘載著臺灣人滿溢的愛，最初手術需要募款的一百萬，不到一個月已達成。為手術募血時，來了二百三十二位善心人士，捐血超過六萬西西，遠超過手術所需的十倍。更有媒體記者，拿起全國慈善機構的冊子，尋找兒童教養相關機構，一一打電話詢問、解釋，為忠仁忠義找到後續收養安置的機構。

而手術當天，在臺大第七講堂轉播場的角落裡，坐著一位低調的男士，不想讓人發現，他是忠仁忠義的父親。當他被記者發現時，流淚吐出：「我的心情複雜極了。」

忠仁忠義重獲新生，但術後照護卻是一大挑戰，兄弟倆整整在臺大醫院住了半年，由陳維昭主治醫師

照顧，之後接到天母露德之家寄養。當時的善款也透過信託、聘請保母，長期照顧忠仁忠義直到十六歲。

雖然兄弟倆各自靠著一隻腿、拐杖、輪椅度日，也長期為身體引發的疾病、疼痛所苦，每年都得進出醫院「維修」一到兩次，但他們依然在困難中勇敢前進。成年後的忠仁曾在民視專訪中提到，童幼時有一回咳嗽一用力，沒想到把縫縫補補的肚皮給咳破了，當場肚破腸流，保母立刻用一隻手按住腸子，一隻手趕緊拉救命鈴。

曾有他院的醫師斷言，他們活不過十五歲。然而1976年12月出生的忠仁、忠義，如今已四十一歲。弟弟忠義娶白衣天使為妻，2016年6月妻子在臺大兒童醫院產下一對龍鳳胎，歡喜迎接新生命。

多年後，楊思標回想當年境況，他認為全臺民眾引頸期盼，一心一意為手術祈福的意念，是莫大助力。雖然最初有些醫師反對分割，但當大家決定要放手一搏，進行分割手術時，所有醫師便「齊心齊力，全力以赴」，心力之強大及反覆推敲的縝密分割計畫，是手術成功的關鍵，此後，更成就醫療界「臺大

第一」的光環。

首批中沙醫療團前往沙烏地阿拉伯

1979年初，中美斷交，臺灣在國際情勢上更顯艱困。時任臺大醫院院長的楊思標，義不容辭的支持政府外交政策，參與衛生署國際醫療合作組所推動的「中沙醫療團合作計畫」，協助規劃與執行，並擔任臺大醫院中沙醫療團團長。

早在中沙醫療團計畫之前，楊思標的前輩邱仕榮院長（曾任臺大醫院院長）及學生莊哲彥醫師已帶領臺大醫療團前往利比亞服務，這些經驗的累積，順水推舟地嘉惠了後來的中沙醫療團。

楊思標談及，中沙醫療團的主力為臺大醫院的醫護人員，同時也有榮總及其他醫院的醫護參與。起初要推動臺大醫師們參與，十分不易，即使給了四倍的薪水，還是乏人問津，主要是因為年輕的住院醫師或總醫師想留在臺大接受訓練，同時等待升等機會。為了推動臺大醫師參與，楊思標祭出，只要參與中沙醫療團，前往沙國服務兩年，返臺後即可優先升任主治

醫師，如此，才稍微解決了人力短缺的問題。

後來也有耳語，「要去那種地方，為什麼不派自己的兒子去……」耳語一出，楊思標的次子楊錫欽，當時已任臺大主治醫師，即向父親表達，願意前往沙烏地阿拉伯服務，三十三歲那年，楊錫欽帶著妻小一家四口前往沙國，度過了如同奇幻之旅的一年。

經過十六小時的飛行，楊錫欽一家人抵達沙國的第二大城吉達，一出機場，黃沙飛揚，沿途是起起伏伏的沙漠。直到進了城區，才遠離一望無際的沙丘。有時在白天，連天空、燈光都是沙黃色的，像被籠罩在一片黃沙澄澄的色澤裡。醫院裡的作息、看診時間和臺北一樣，從早上八點到下午五點。但因為白晝非常炎熱，平均溫度攝氏41度，所以當地的商店大多下午四點開張，直到深夜十二點才打烊，如同不夜城。

當時臺大護理部主任鍾信心也帶領一批護士前往沙國。而在吉達，醫護連同眷屬超過上百人，臺灣醫療團也就自己興辦幼稚園教育孩子。每到下午四點，街上所有的廣播開始放送伊斯蘭教的祈禱文，眾人虔敬祈禱，街上無人走動。除了祈禱文，沒有半點聲

響，待三十分鐘的祈禱結束後，街市上才又恢復了溜躂的民眾與人聲。讓楊錫欽印象深刻的是，吉達鄰近紅海，他也曾帶著妻小前往紅海沙灘，每當退潮時，淺海邊隨手往水中一撈就有海瓜子，於是撿拾一袋海瓜子，還在市場意外地找到九層塔，炒一盤思念的家鄉味。

推動臺灣前進的力量

楊思標則提到，中沙醫療團的第二年，臺大外科洪啟仁教授也率領「開心小組」前往支援並指導心臟手術，沙國首例的「開心手術」就是由洪啟仁親自操刀，這樣的醫療服務無疑為中沙醫療團打入一劑強心針。

1979年，臺灣不僅面對嚴峻的外交挑戰，國際上，更發生了第二次石油危機，沙烏地阿拉伯是產油大國，中沙醫療團空前絕後的派出百位醫護人員駐地，臺大醫院的投入，功不可沒，而幕後的主要推手正是楊思標。

「上醫醫國」，臺沙邦交的建立與維繫，除了實

質外交成就，更是臺灣當時及日後經濟發展的重要關鍵。那些自1979年起，前往沙漠之地、參與中沙醫療團的醫師、護士、醫檢師，以及農業、水利、工程專家，充分展現了拓荒冒險的服務精神，每一位都是八〇年代推動臺灣經濟前進的力量。

　　儘管中沙醫療團隨著中沙斷交，在1990年畫下句點，然而這十餘年間，中沙醫療團在沙烏地阿拉伯的吉達及霍阜成功推動醫療外交，為臺灣在當地建立了良好的聲譽，更造福無數沙國病患，歷史不會遺忘。

水到渠成　擴建臺大醫院

　　1979年，楊思標在臺大醫院院長任內，還肩負了一項重大任務：擴建臺大醫院、醫學院。那年，蔣故總統經國先生在國民黨中常會第104次會議中指示：「擴建臺大醫院為一所足以代表國家的最好醫院」。

　　那年，隨著忠仁忠義連體嬰分割手術的成功、中沙醫療團的成立，政府對臺大醫院的整體擴建計畫，有了更堅定的信任與實質的支持，臺大醫院提出擴建計畫及經費預算後，隔年，獲行政院指示「准予照

辦」。

　　擴建計畫前前後後順利取得九十六億的重建經費，展開整建工作，包括增建臺大醫學院的電機中心、基礎醫學大樓、體育館、臺大醫院主體大樓、東西址地下通道，拆除西址部分房舍、整建西址舊舍……等工程。擴建工程於1981年至1989年間陸續完成。臺大醫院及醫學院，自西元1895年日治建立以來，已七十餘年未曾整建，終於煥然一新，以現代化醫院的形貌繼續濟世救人。

突破萬難 實施專勤制度

　　1984年，楊思標成功的在臺大醫院推動「專勤制度」，這個從臺大醫學院院長李鎮源院長 ❸ 時代，便積極推動醫師專任、不在外面兼差的制度，終於克服萬難，達成理想。

　　在此之前，臺大醫院的醫師薪俸比照公務人員，薪水少得可憐。1950年代，楊思標從長達多年的「無薪」助教升任「有薪」助教時，每個月的薪俸是四十元臺幣。

即使到了八〇年代，時任臺大院長的楊思標，已是二十年以上的資深教授，但他的月薪僅五萬元，是一般私人醫院的一半，是大型財團法人醫院薪資的五分之一，甚至十分之一。

因為公立醫院薪資偏低，對於原本家境拮据，又要養一家老小的醫師來說，必得另闢財源，因而許多醫師在外開業或兼差，利用晚間或週末看診，「一開始是想彌補生活不足，但卻演變成愈做愈大，公私顛倒，總是不好。」楊思標說。

臺大醫院肩負教學醫院的使命，為了讓醫師專心於醫院的服務、教學及研究，李鎮源在醫學院院長任內，曾以「不開業獎金」推動醫師專勤制度，可惜未獲成功。

楊思標非常認同專勤制度的理念，擔任院長期間，積極向政府爭取預算，終於在1984年，行政院通過臺大醫院重大革新計畫，改善臺大醫院醫師待遇、革新設備和健全財務。

實施專勤制度後，臺大醫師不能再利用夜間或假期開業看診，臺大醫師比照榮總醫師待遇，提高不開

業獎金。臺大醫師的總收入（包括薪俸、研究費、衛生加給、不開業獎金等），教授級從原本的四萬元到四萬七千六百元調整為十一萬六千餘元到十三萬九千餘元。副教授級從三萬三千餘元到四萬一千餘元調整為九萬七千餘元到十二萬三千餘元。主治醫師級由原本兩萬一千餘元至兩萬九千餘元調整為五萬八千餘元到八萬三千餘元，大幅提高了2.5倍到2.9倍。

　　楊思標終於克服了內部的反對聲浪，調整了臺大醫師的待遇，提供專任加給，讓臺大脫胎換骨，這對病人、研究、教學，及臺大的臨床醫學研究與發展帶來了正面且長遠的影響。

❶ 楊思標教授的肺蛭蟲病臨床研究論文分別在美國及日本發表：

1. YANG SP, CHEN KM: Chest X-ray Findings and Some Clinical Aspects in Pulmonary Paragonimiasis. Diseases of the Chest 27 (1): 1-8,January,1955

2. YANG SP, HUANG CT, CHIANG LC: Clinical and Roentgenological Courese of Pulmonary Paragonimiasis. V International Congress on Diseases of the Chest, Tokyo JAPAN, September 7-11,1958

❷ 忠仁忠義連體嬰原生家庭在高雄，出生後因父母無力撫養即送至臺中中山醫院，當時主要的醫療照顧者為巫堂鐙醫師、林榮一醫師及該院小兒科護理人員，照護連體嬰直到兩歲半才送往臺大醫院。

❸ 李鎮源（1915－2001），臺灣高雄橋頭人，臺灣中央研究院院士，國際知名的藥理學家及蛇毒研究權威，國際毒素學會最高榮譽「雷迪」（Redi）獎得主，曾任國立臺灣大學醫學院院長（1972－1978）、國際毒素學會會長。

視病猶親 專業人文並重

　　十五年前，就讀國一的小涵高燒不退，跑遍了花蓮的各家診所、醫院，依然反覆高燒，查不出病因。再度住院時，小涵被確診為肺結核，卻在快要完成診治時，再度高燒到40至41度，住進隔離病房，用了抗生素、退燒藥，還是止不住高燒，「當時醫師跟我說，你可能要有心理準備了……」小涵媽媽一聽，哭到泣不成聲，絕望之際，聽說花蓮慈濟醫院，每週五有一位從臺大來的楊思標醫師很厲害，「我到慈濟醫院哭著求他，一定要救救我女兒。」

醫病情誼似祖孫

　　當下，楊思標連忙安慰小涵媽媽，安排了一連串的檢查，並要她讓女兒安心在慈濟住院治療，不需要奔波到臺大醫院就醫。他也要求媽媽每天記錄女兒的

心跳、體溫變化、走路是否會喘……等數據，讓醫護人員每天傳真給楊教授，由他和慈濟的主治醫師聯手醫治。楊思標發現小涵罹患肺結核，但因藥物過敏，更須謹慎用藥，近三個月對病情的抽絲剝繭、住院治療，好不容易把小涵從鬼門關給拉了回來。

這中間還有段小插曲。當小涵住院兩個月，體溫已獲得控制時，她吵著要出院，沒想到中午才出院，下午又發燒回來。這讓人在臺北，向來溫文儒雅的楊思標大為震怒：「是誰准她出院的！？」他把病人的生命看得比什麼都還重要，不能容得半點差池。又過了三週，在慈濟醫療團隊的細心醫治下，病情穩定，小涵終於安然出院。

即使出院了，楊思標仍然要求小涵媽媽，每天記錄並回報女兒的心跳、體溫變化等各種數據，如此長達半年，楊思標也義務監看了半年，確認完全穩定後，才交待不需再傳送紀錄。

「我女兒的命，是楊醫師救的，不然她不可能活到今天。」小涵媽媽說，小涵出院後，楊醫師建議她，西醫控制住病情後，接下來可以用中醫來調養體

質、增強抵抗力。「楊醫師的太太寶玉師母也經常寄中藥及補品給我女兒吃。他們夫妻像關心家人般的關心我們，真的很感謝！」這段醫病情誼，讓楊思標夫婦收小涵為乾孫女，這十五年來，逢年過節，或是小涵母女北上時，必定前往探望楊思標夫婦，結下醫病關係之外，深厚的祖孫情。

2016年，楊思標夫婦看著乾孫女小涵穿上婚紗、邁向禮堂，高興得難以言語。不過歡喜之外，這位楊醫師還是不忘提醒、關心著她的健康：「以妳的身體狀況，將來生孩子可能要剖腹生產比較安全。」小涵感恩地說，她無論如何都要好好珍惜生命，多做有益人間的事，因為她的命是楊思標阿公救回來的。

看「人」為要　醫德為首

楊思標的學生李建廷醫師，1978年在臺大醫院受完住院醫師訓練，即要返回高雄家鄉開業，臨行前，卻因為楊思標的一番話，翻轉了他的人生。「年輕人不要急著開業賺錢，賺錢以後還有很多機會，先到澳底服務一陣子後，再回去開業也不遲。」

當時臺大醫學院內科教授楊思標及公衛學界的拓荒者陳拱北教授等人，正想在臺北貢寮鄉的小漁村澳底，籌辦一個實驗性的群體醫師診療計劃，但既無公費醫師可派，一般剛步出校門的年輕醫生也不願投入。

　　李建廷卻願意聽從老師楊思標的建議，毅然放棄回高雄市行醫的打算，而前往澳底承擔基層醫療建設的開路先鋒，一待就是六年，後來還成立臺灣第一個社區醫學訓練中心。李建廷前後十二年對偏遠社區醫療的奉獻，讓他在1991年獲得第二屆醫療奉獻獎的榮耀。

　　問起楊思標這段往事，他呵呵一笑，說他經常跟年輕人這樣講，「但是真的聽進去，也願意去偏鄉的，沒幾個啊。」

　　他感嘆，像他這樣的老醫師，過去每天都在訓練學生，一到下午五點，學生分組來，開始帶著學生看一張又一張的X光片，仔仔細細的判讀，相信當時的學生都學會了，出去開業也都沒問題。

　　但是這十多年來，全球的醫學科技愈來愈發達，「甚至可以說，已經不用醫生了，因為連手術都可以用

機器來開刀，怎麼還會需要醫生呢？」

　　楊思標話鋒一轉：「但這樣真的是一種進步嗎？以前我常跟學生說，從事醫療志業就要做到『真、善、美』，真是科學，善是醫德，美是藝術。我還要推崇一個『儉』字，減少醫療資源的浪費，才能減少健保的龐大支出。有些疾病只需要Ｘ光片一看就知道了，不必一直依賴高階器材的檢查，那些都是錢啊！」

　　李仁智醫師早年留學美國時，曾學習電腦斷層掃描（簡稱ＣＴ），他是國內胸腔科醫師第一個出去學回來的，當時就是希望自己學會精準解讀，而不只是依賴檢驗報告。他說，「楊教授有一個觀念，如果拍Ｘ光片就可以解決的事，為什麼要做ＣＴ？拍一張Ｘ光片只要二百五十元，電腦斷層掃描則至少要花四千五百元以上。從經濟學的觀點來看，是超過十倍以上的差距。」

　　楊思標也知道當Ｘ光片無法解讀病情時，高科技的電腦斷層仍能發揮互補作用。只是，每每參加病例討論會，他有時還是會忍不住唸一句：「唉，又浪費了四千塊了，這個病，再多拍一張側面Ｘ光就知道

了。」

　　即將邁入百歲，楊思標卻對未來醫學走向露出難得的感慨，現在的病人經常覺得很疑惑：「醫生啊，你怎麼都不看我，一直看電腦呢？」如果醫生不看「人」，只盯著電腦看「疾病」，依賴各種檢驗……，「這樣真的好嗎？看到連『醫德』都不見了。」他想起，他的日籍老師桂重鴻曾強調，一名好醫師應該做到「觀而斷」，仔仔細細問診、觀察，再做出診斷；但現在的醫師，問病三分鐘，問得很潦草，一兩句話，就要病人做一個檢查，不曉得是儀器在診斷，還是醫師在診斷。

　　「我常常講，要細心問病，先觀察，有必要的做適當的檢驗，而最要緊的是『愛心』照顧，讓病人心安，這才是做一個好醫師的根本。」醫生如果只依賴大量的尖端儀器而做出判斷，就成了「檢而判」。若是去到資源匱乏而沒有諸多儀器的國家支援，或是遇到天災人禍，沒有精良儀器，醫師又要如何回到自己的專業診斷呢？

　　楊思標認為從前專科少，樣樣都得學得專精，但

現在專科多，醫師甚至連判讀X光片的責任都可以交託出去，但X光科醫生只看片，不看病人；醫師若看病人時，只依賴X光科的判讀資料，那就容易產生臨床診斷上看不見的斷裂。

最好的醫療

再談到用藥，楊思標更有一套不同於當今醫療體系的想法。

他認為所謂高品質的醫療，除了準確的判斷、診治、減輕病人疼痛外，廉價的藥品也是高品質的要件之一。藥的效力和價錢完全無關，良藥的要件應該是「效力大、副作用小，用法簡單外，還得價格便宜；因為藥價高，受惠的人就很有限。」楊思標說：「早期治療肺結核病的十幾種藥品中，『伊娜』（INAH）效力大，副作用最小，價格卻最便宜，一個月藥價不過幾十元。鏈黴素也是，一針不過三、四元。」

一般民眾，甚至醫師對醫療品質的評估與認定，仍有許多盲點，比如，以使用各種高昂儀器做檢查診斷視為高級，給價格高的藥來治療視為高級，也就是

以醫療費用的高低來評估品質。

實際上，最佳的醫療並不是最貴的醫療，最貴的醫療也不是最佳的醫療。楊思標相信，以病人的立場來說，都希望能夠以最簡單的方法，例如問一問、看一看、摸一摸、敲一敲、聽一聽就能把病看好治好，如需要進一步檢查，也希望能以最快的時間，對身體及錢包最沒有負擔的方式診斷出來，進而解除病痛。若是診斷錯了、用錯藥，花多少錢也無濟於事。

楊思標提醒，這個道理說來簡單容易，但在日常診療上卻是天天遇到持有這樣錯誤觀念的病人，甚至醫師，特別是在大醫院服務的年輕醫師。這樣注意「病」而忽略病「人」及其背景，也是醫師與病人關係失調的原因之一。

而今，隨著醫療的資本化、市場化，以及健保給付制度等多重因素，或許已經很難純粹從病人角度來思考用藥了。

重振「醫德」與醫病關係

「從事醫學教育七十年，我覺得現代的醫學教育

缺少一樣東西——醫德。醫德必須重振！」楊思標斬釘截鐵的說。他認為，醫療行為不是商品或技術的買賣，而是醫師與病人乃至家屬的人際關係，診斷治療一切應以病患的利益為優先，而不是以醫師或醫院的利益為主要考量。

「醫療畢竟與純粹追求利潤的商業行為是有基本上的差別。」楊思標呼籲，這個觀念如果不確立，醫療行為會繼續商業化，醫師會變成「賣醫術」的人，如果有一天科技更加發達，機器代替醫師的時代會到來。他認為「重振醫德」雖然在醫學生就讀醫學院時就要強調，但在訓練住院醫師時，實地的培養陶冶更為重要，「透過帶領醫師的言行、作為，以身作則的教導更能發揮作用。」

楊思標感嘆，現代的醫師為了升等只能馬不停蹄地作研究，對臨床功夫的探究愈顯不足。醫學教育的使命，應該是要維護全民身體及精神上的健康，以照顧病人為優先，而不是只培養「研究第一」的專家。醫學課程應該使醫學生早一點與社會接觸，了解社區衛生問題及醫學原理的實際應用，不與社會需求脫節。

百歲醫師，難享清閒，他不是在臺大醫學院的研究室，就是在花蓮慈濟醫院，心心念念的仍是醫學教育、醫療體制如何培養一位真正具有「醫德」的醫師。那不在醫師誓詞裡，不在以病人為中心的口號裡，而深藏在整個國家、社會、教育的核心價值中，這個價值如果是無私與大愛，「醫德」有望，而這也是他晚年投入慈濟的主要原因之一。

家，永遠的靠山

　　1941年，日本偷襲珍珠港，拉開了太平洋戰爭的序幕。以美國為首的同盟國，為了對抗日本軍國主義、阻斷日軍物資的供應，在太平洋展開歷時三年多的廝殺，也使得不少臺籍旅客因而命喪太平洋。

　　楊思標的二哥楊思槐自臺北高等學校畢業後，前往日本京都大學哲學系求學，畢業後跟隨哲學大師西田幾多郎教授修研博士學位，卻因戰爭末期，連果腹的三餐都成問題，妻子又已有孕在身，而決定舉家返臺。1943年，他們搭乘日本軍船鴨綠江號返臺，卻在靠近基隆時，遭美軍潛水艇發射魚雷擊中，軍船被打沉了，楊思標的二哥、二嫂，以及二嫂腹中來不及出生的孩子全都不幸罹難。

　　楊家父母傷痛欲絕，鎮日以淚洗面。戰爭帶來的創傷，也改變了楊思標的人生。他的大哥四歲時罹患

白喉早逝，二哥又遭無情戰火帶走，原本排行老三的楊思標一夕之間擔起長子重責。

「我有時想，如果二哥還在，應該會跟我一樣，也在臺大（哲學系）教書……」楊思標低頭、垂眼，沉默了好一會兒，又說：「唉，但是人生算不準，後來又有二二八事件及臺大哲學系事件，誰也不知道會發生什麼事。」

戰火中，成家立業

楊思標任職臺北帝大附設醫院無給副手時，父母早已為他選定門當戶對的佳人，並催促成婚。對象是父親商界友人、光復後曾任新竹縣議長——張式穀先生的閨女張雲鬢小姐。然因楊思標早有心儀對象而一再拖延。二哥的意外罹難，使父母終日鬱鬱寡歡，為了告慰喪子之痛，楊思標遂奉父母之意成婚。

1945年2月，楊思標與張雲鬢小姐結為連理。然而迎接新婚夫妻的不只是慶賀道喜的長串鞭炮，還有更大的聲響——來自美軍的密集轟炸。當時臺北帝大附設醫院遷往大溪，楊思標與夫人也隨之前往桃園郊

區一處田中央的農舍避難。這對新人在警報不斷的鳴響中躲空襲，在貧困的患難裡彼此扶持，並走向一個全新的光復時代。

清貧時代，孩子接連出生

戰後太平也清貧的時代，楊思標的孩子接連出生，三男一女豐富了整個家庭，也帶來許多歡笑。在那個男主外、女主內的父權時代，新手爸爸無須擔憂，從生養、餐食到管教，舉凡家中大小事，全交給夫人打理，丈夫只需顧全經濟、專注於臺大醫院的看診、教學、研究便是。

然而楊家總是調皮搗蛋、鬼點子也多的二公子楊錫欽，卻為夫人張雲鬢帶來很大的苦惱。

當時他們住在現今中山北路、國賓飯店後方的日式宿舍，附近有許多農田、小河、草地以及小池塘。站上住家附近的瑠公圳向東方遠望，一眼就可以看到松山機場和停在停機坪上的飛機；往北邊瞧，青翠的中正山上刻劃的「中正」兩個字，清晰的映入眼底。四周只有田園和平房，而童年時的楊錫欽每天最大的

樂趣就是和鄰近的孩子們去田邊水圳，抓魚、抓螃蟹、釣青蛙；偶而也會偷挖田地裡的蕃薯。

有一回，楊錫欽和鄰近孩子玩耍，不歡而散，他心有不甘，走了一會兒，竟從遠處拿起石頭丟擲對方，沒想到不偏不倚，擊中了鄰居的小孩，家長隨後登門告狀。

這下子，可把張雲鬢氣炸了，「我媽處罰我都是『套餐』伺候，先是雞毛撢子痛打一頓，接著罰跪，嚴重犯錯時，還會被趕出家門，過了一、兩個鐘頭後，才會叫我哥哥開門，讓我回家。」楊錫欽說。

那時拿石頭砸人的楊錫欽不過五歲大，張雲鬢驚覺，再讓孩子這樣四處閒蕩玩耍，不知道要闖出什麼禍來，於是千請萬求，拜託鄰近的國民小學破例收留未足歲的孩子上學。「我砸傷人的一週內，媽媽準備了制服、書包，帶我到中山國小。起初媽媽擔心我提早一年唸書，會不會跟不上，結果沒有，都拿第一名。」楊錫欽彷彿複製了父親的部分童年，同樣未足歲便提早入學，且總拿第一。

嚴母撐起一個家

「我們家是父慈母嚴。」楊錫欽說，父親楊思標鮮少責備孩子。訂下家中規矩、嚴聲厲色處罰孩子的，永遠是母親。在那個時代，不論家中或學校，都秉持著「不打不成器」的教養哲學，「大人的話」即是命令、是規範，做孩子的只能服從、聽令，全無頂撞回嘴、漠然不應的餘地。

童年時的楊錫欽特別調皮，挨打、挨罵更是家常便飯。他猶記得，有一回被媽媽打得特別痛，罰跪時在媽媽背後狠狠瞪了她一眼，沒想到媽媽忽然回頭看見了，「好小子，你居然敢瞪我！」緊接著又是一頓責打。

然而對於母親昔日的「教導」，楊錫欽沒有埋怨，反倒充滿感激。他提到，中國式的「打罵教育」源遠流長，明朝國子監監規（校規）即曾記載：「監生（學生）每日寫字一幅，每三日背四書一百字，每月作文六篇，違者痛決（打）。」；又「敢有毀辱師長，生事告訐者，定將犯人杖一百，全家抄沒，人口

遷發雲南充軍。」如此嚴肅，以致學生們循規蹈矩，一心向學，「教出來的個個中用」。對照於今日所謂「愛的教育」，楊錫欽感嘆：「有些年輕人甚至秉持著『只要我喜歡，有什麼不可以』的自我思維，反而讓自己專業不足，競爭力不夠，不符合社會及企業的期待。」

回首過往，楊錫欽感激父親在那個民生困頓的時代，戮力從公，薪水袋全數交給母親，為家庭撐起一片天，讓媽媽可以安心的在家中相夫教子。而父親為公忘私，經常不在家，在許多時光裡，母親是四個孩子在家中對話的主要窗口。父親楊思標不多話，但身教重於言教，「他很有遠見，做事正直、公平，不會溺愛子女。」

雖然楊思標身為醫生，但在戰後普遍貧窮的年代，臺灣仍靠著美國每年一億美元的經濟援助，來維持民生並設法復甦經濟。光復後，楊思標雖是「有給職」的助教，每個月薪資也只有四十元，往後即便加薪，也如同公務人員一般，少得可憐，要養活一家大小，只得精打細算，能省則省。

孩子仍小的時候，全家人住在公家的日式宿舍裡，在木地板上，打地鋪睡覺，連床都沒有，那時冬天很冷，到了夏天颱風時又會淹水。一家人也從沒上過餐館吃頓飯，幸運的是，楊夫人有著好手藝，再平凡的食材，像是炒米粉、白菜滷，都能畫龍點睛煮出風采。當時偶爾看一場電影，或是久久吃到一顆日本蘋果，就是楊家最奢侈的享受了。

理想與麵包的取捨

　　「從小就看到有許多被父親醫治好的病人，前來道謝。」楊錫欽說，因為大家都窮，父母總是盡可能婉拒謝禮，但也有盛情難卻的時刻。像是家裡養雞的人家，大老遠提著一隻活跳跳的雞來；捕魚的抓了自家捕獲的兩條魚；種菜的送上自家鮮摘蔬果，只為答謝救命之恩，如此純樸懇切的心意，也只能欣然接受。這些往來，也讓年少時的楊錫欽感受到，「父親的醫術應該是很高明吧，才能治好這麼多人。」

　　隨著四個孩子漸漸成長，楊思標的薪水要養活一家六口，已顯捉襟見肘，當時留在臺大看診做研究的

醫生薪水，遠不如自行開業看診的醫師，而公立醫院的醫師為了貼補家用，也有許多人在外兼職或開業。於是夫人張雲鬢不斷勸楊思標開業，可是一心嚮往醫學臨床研究的楊思標卻興趣缺缺。

「媽媽希望爸爸開業，爸爸不肯，兩人也曾因此吵架，甚至打架，但總是媽媽打贏。」楊錫欽說，或許是父親自知理虧，每次都讓著媽媽。

直到楊錫欽升上國中那年，妻子苦言相勸，「以前孩子還小，花費不大，現在孩子都長大了，要升初中，開銷增加，教育費都成問題，你在醫院每個月只拿那麼一點點，真的沒辦法養一大家子。」

楊思標向來不看重金錢，所以無法體會妻子持家的為難和艱辛。在妻子的苦勸相逼下，他終於開業了，那是他最大的妥協和讓步，開業地點就在自己家裡，利用下班之餘看病問診，妻子則協助配藥、包藥、消毒針筒等。直到此刻，楊家的經濟才得以舒緩，稍有餘裕。六年後，楊思標為了推動臺大醫院的「專勤制度」而關掉診所，自此未再開業。

「我媽媽曾說，她一生中最快樂的時光，便是父

親開業的那六年。」楊錫欽深知，簡樸的母親硬要父親去開業，最終為的還是家庭，為孩子積攢教育費，也為了給孩子像樣一點的生活。

而父親一生追求理想，可以賺錢卻不愛賺錢，也不愛錢財。看病時，總是設法為病患省錢；擔任醫院行政主管時，也總是為大局著想，從不偏袒自己人；凡事看得遠，總是預做準備。這些身教與風範，楊錫欽一一看在眼裡，也成為他日後待人處事的準則。

溫柔父愛

不同於妻子，總是扮演家中「大黑臉」的角色，楊思標在孩子心目中是個百分百的「慈父」，雖然為了理想，經常因公忘私，卻也有讓孩子們難忘的甜蜜時光。

楊錫欽仍記得：「小時候爸爸騎著一臺米黃色的摩托車Scooter，輪流載著我們四個孩子去兜風。通常前面站一個，後面坐一個，有時往陽明山，有時去中正山或北投，只是繞一圈回來，看看風景、吹吹風，我們就很開心。」有一回，快到家時，卻在中山北路

被警察攔了下來，楊思標知道超載小孩，恐怕得吃罰單，便要孩子們先行走路回家。

隨著孩子一路成長、到了該學開車的年齡，楊思標儘管再忙，也當起教練，親自教孩子「怎麼開車」。那時，他開著一輛淺藍色的德國金龜車，帶著次子楊錫欽在校園裡練車，這位醫師教練講究效率，幸好孩子聰穎學得快，學沒幾次也就通過考試，順利拿到駕照，還讓兒子楊錫欽至今對自己的駕駛技術依然信心滿滿、洋洋得意。

然而楊錫欽跟父親學到的還不只是開車。

他猶記得唸初中（今國中）時，媽媽曾經把四個孩子叫到跟前，慎重地說：「你們四個當中將來一定要有人傳承父親的志業，跟著學醫。」當時年幼，誰也不知道未來的人生方向會怎麼走。

讀中學時，楊錫欽即對生物特別感興趣，後來選擇丙組，建國中學即將畢業前，校方原想將他保送臺南成功大學，但楊錫欽辭謝學校的推薦，他想透過自己的實力及努力參加大專聯考，到考場一搏。那年夏天，他以全國丙組（今第三類組）第九名的成績，考

上臺大醫學系。

　　楊家父母向來對四個孩子考上大學，從來不會給予特別的讚賞或肯定，對他考上醫學系也顯得「很淡定」，但楊錫欽察言觀色，知道父母是滿心歡喜的。楊錫欽從小看著父親一步一腳印，勤懇踏實的做人做事，很自然地也傳承著這份默默努力、勤奮不浮誇的身影。

課堂上，聆聽父親

　　楊思標為了推動臺灣各地的胸腔病診療討論會，提升各地方結核病診治的醫療水準，經常出差，而就算平日回到家中，也常累到倒頭就睡，和家人的互動愈來愈少。

　　醫學系大五那年，鮮少能在家中聽到父親談話的楊錫欽，終於能在課堂上聆聽父親講述一節又一節的課。父親主要教授呼吸道疾病、胸腔疾病等課程，在這位兒子學生眼裡，父親「上課很準時，教學認真，講義寫得非常詳細，而不是列幾個大綱就丟給學生，從講義更可以看出他的經驗非常豐富」。

　　楊思標的教學講義是許多醫學生到畢業後仍會

珍藏的行醫寶典，像是他的大弟子林吉崇教授（已逝），以及後來的徒孫輩郭壽雄教授，都曾長時間保留當年上課的講義。

楊錫欽從大五到大七的實習課程，都有機會和同學們跟著父親學習。「他經驗豐富、思慮周詳，也會考慮到別人的立場，是屬於事先就做好萬全準備的那種老師。」

「比方我們看胸腔病，會以為都是發生在胸腔的疾病，可是不見得，有的疾病是系統性的。好比肺結核不一定只長在肺，也有長在腦部、肝臟、骨頭的，這種情形，他都會詳盡說明，不會只講肺部的結核。而講到肺癌時，他同樣不只講肺癌，因為癌症會轉移，會跑到肝臟、腦部、骨頭……，他也會把整個病的底細，全盤告訴學生，不是只講肺部。」楊錫欽說。

子承父志 術有專攻

楊家四個孩子的平日大小事都與媽媽商量，由媽媽張羅、發落。但遇到特別重要的事，孩子們還是會找楊思標商議，以父親的意見為依歸。楊錫欽猶記得

大專聯考志願選填時，他請父親幫忙過目，「當時爸爸很認真的一個一個看，看完後跟我說OK，我就放心交出去了。」

楊錫欽擔任住院醫師，要開始選科時，原本對「外科」充滿興致，但萬萬沒想到，楊思標一聽，立刻投下反對票。「所以我後來選擇內科。我所受的教育是父母講什麼，我們就做什麼，而往往事後也發現，父母的建議其實對我們就是最好的選擇。」

楊錫欽說，父親做很多事都不會告訴你為何這樣做，但是到後來，就會覺得原來這麼做是很有道理的。比如，他早年要求醫師下班後要整理胸腔X光片（CXR），並且把CXR的內容手繪在病歷上，「我養成習慣，直到現在都還在畫，日後我一看病歷就知道怎麼回事，還有醫生到病房查房時，是用X光片認人，而不是用臉孔，因為每個人的X光片都不一樣，醫生一看X光片就知道是哪一床。」

至於楊思標為什麼反對兒子學外科呢？「爸爸話很少，他沒告訴我原因，但我自己會找到理由。」楊錫欽後來猜測出幾個原因：外科辛苦、養成不易，一

定要跟精熟的老醫師學臨床功夫，難以自行摸索。而外科醫師到技術成熟可以獨當一面、被人讚賞時，通常已年過四十，且黃金時間大約只剩十五、六年。

過了五十五歲後，很可能就視力減退、手會抖，而一臺大刀要站十幾個小時，隨著年紀愈大，體力就成了考驗。外科醫師的養成時間長，專業時間短，「所以啊，我們對外科醫師真的要尊敬，要疼惜。好的外科醫師真的是國寶，不能那麼苛責啊。」

事隔四十年後，問起楊思標當年的想法，他認為，所有的疾病都是先從內科看起，再到外科。對這位老醫者而言，內科是本，是更廣泛、也更系統性的學習與治療。

而楊錫欽從醫後也深刻體認到，內科是要不斷動腦研究的，「比如這些檢驗數據到底是怎麼回事？診斷對不對？該怎麼用藥？為什麼用這個藥？早期的外科不搞診斷，是由內科先診斷，需要開刀時才轉到外科，告訴他們是什麼病，範圍多大，大概第幾期，再讓外科醫師去判斷如何著手與執刀。」

外科是專業技術，外科醫師思考的是明天這個刀

要怎麼開，這個刀要從哪裡開，切的範圍有多大，旁邊有沒有大血管，危險性多高，要如何避開，要請幾個助手，麻醉師要請誰，麻醉深度要做多少等，光這些事就夠忙了。

而每當開完刀，拖著疲憊的身體回到家中時，醫院一通電話來：「你今天手術的病人傷口出血了。」這一下子，連僅剩的休息時間都泡湯了。

楊錫欽從「內科」再走入「胸腔內科」，跟著父親、前輩學習，體認到一個好醫師的養成，得靠扎實的臨床功夫，那是書本上沒有的知識與細節。跟對師父，可以少碰到很多紅燈與叉路，事半功倍。而他更有自信的是，父親最為人所稱頌的神乎其技──精準的「X光判讀」，他是百分百學到了，也在診療上充分發揮，治癒了許多病人。

經常有同學對楊錫欽說：「你跟你爸爸簡直一個模子印出來的，太像了。」對他來說，他的外在像父親，內在卻很像母親。「即使媽媽不講話，我也常常知道她在想什麼，甚至有些跟她心靈相通。」

「如果從我做孩子的立場來看，爸爸一輩子幾乎

貢獻給臺灣醫療，他為公忘私，做人做事公平、公正；而我媽媽的一輩子就是貢獻給了家庭和我們四個孩子。」楊錫欽說。

痛失摯愛

1982年8月，楊錫欽結束了為期一年「沙烏地阿拉伯醫療團」的服務，返回臺灣。見了母親，母親卻喊著肚子疼，起初以為是腸胃炎，但投予普通腸胃藥卻不見效。一到臺大醫院檢查，刀一開，卻發現整個腹腔早已佈滿癌細胞、並伴隨有腹水，已是卵巢癌末期，但沒有人有勇氣告訴母親這個晴天霹靂的噩耗。

女性對疼痛的忍耐總是出奇的高，特別是在歷經生產，成為母親之後。一顆心總為家庭、孩子思量，常常忘記自己的需求，甚至身體上的疼痛。談起母親，楊錫欽數度紅了眼眶，「那時我在沙烏地阿拉伯服務，常和父母通信，媽媽即使到後來身體不舒服，回信給我時，也從來不提，就是不想讓我擔心。」

當年六十二歲的楊思標已當上臺大醫院院長，但這意想不到的衝擊，讓向來沉穩有定見的他也慌了手

腳，當年目睹過程的醫師告訴楊錫欽：「你爸爸看起來六神無主，似乎難過得不曉得該怎麼辦？」

　　發現罹癌後才兩個半月，張雲鬌就過世了，這個告別，來得太早、太突然，沒有人能預先準備、好好接受。身為醫師的父子，更因無能為力挽救摯愛，而使得一股陰鬱、壓抑、悲傷的氣氛籠罩著整個家。「媽媽走後，爸爸有段時間很低潮，也不太講話，有時候會突然喊著胸悶、胸痛。」

　　「媽媽走得太早了，六十一歲就走了。」楊錫欽感嘆，母親臨走前掛心的仍是家人，她在兒子面前囑咐丈夫楊思標「你可以再娶」，她深知丈夫的生活衣食總是前前後後需人打點，才能在外打拚，也交代每個孩子，要好好照顧手足弟妹，相互扶持。

　　多年後，提起夫人張雲鬌，九十八歲的楊思標難忍男兒淚，哽咽到久久無法言語，只能勉強吐出幾個字：「對不起……，對她，我只有三個字，對不起……她為我生了四個孩子……做了這麼多……，我卻從來沒有帶她出國好好玩一趟。」對結縭三十七年的妻子，那些來不及說出口的愛與感謝，只能深埋心

中。

　　楊錫欽四十五歲那年升等為臺大醫學院教授，同
樣致力於胸腔內科的診治與教學，是自己的志趣，也
完成了母親的期待。2011年，自臺大醫院榮退，他自
行開業，取名「思雲診所」，以父親母親的名字，各
取一字來命名，而合起來的意思，即是思念母親張雲
鬟女士。

　　「如果不是媽媽，我不可能是現在的我，也不可
能有今天的成就。」楊錫欽說，雖然大姊與小弟長年
旅居美國，但一家人，也如母親最後的遺願，經常相
聚、相互扶持、一家和樂，他相信母親在天之靈也會
感到欣喜、寬慰。

時光流轉 再續前緣

　　有時費盡心思，好不容易遺忘的往事，卻在某個時刻，以毫無預警的姿態出現，人在脆弱時，尤其容易如此。楊思標在夫人過世一年餘，鼓起勇氣寫信給旅居美國的昔日老友，也是曾經相知相惜的陳寶玉女士。

　　兩人早在楊思標就讀臺北帝大醫學部時即相識。當時楊思標在第二內科（又稱「桂內科」）實習，陳寶玉則是「桂內科」最認真的護士 ❶。雖然兩人互相傾慕，卻始終沒說出口，僅以兄妹之情彼此照顧。

走自己的路

　　1943 年，太平洋戰爭的猛烈砲火擊中了日本開往基隆港的軍船，讓楊思標的二哥、二嫂及嫂嫂腹中的胎兒，全都命喪汪洋大海。

二哥的罹難對父母打擊非常大，母親更是終日以淚洗面，難以承受，為了安慰痛失次子的雙親，楊思標終於接受父母安排，與父親友人的女兒張雲鬢完成終身大事。

　　陳寶玉則走自己的路。離開臺北帝國大學附設醫院後，她考取了臺灣總督府為推動公共衛生而成立的「保健婦養成所」，結業後任職於臺北保健所（光復後，皆改稱為衛生所），主要工作是訪視肺結核病患及衛教指導。直到 1953 年，臺大醫院成立公共衛生室，才在護理部陳翠玉主任的力邀下回到臺大醫院協助，不久後，又升任肺結核病房的護理長。

　　三年後，陳寶玉轉往彰化銀行，協助成立醫務室並任職。1962 年，農復會 ❷ 與美國約翰霍普金斯大學（Johns Hopkins University）合作全省人力衛生調查，因陳寶玉是少數同時熟悉國語、臺語、日語、英語等四種語言的護士，而被推薦參與。

　　完成全省衛生人力調查後，陳寶玉轉往位於臺北的美國海軍研究所生化系任職。1966 年年初，陳寶玉走得更遠，前往加拿大從事護理工作，卻因無法適應

嚴寒天候，手腳經常凍傷。同年底，她飛往美國芝加哥，在妹妹及妹夫所任職的一家天主教醫院——Mercy Hospital & Medical Center，展開新的護理生涯。她說，獨身生活雖然有時很寂寞，但也很簡單，「離開臺灣時，我原本想，這輩子應該不會再回來了。」

跟我回來吧！

沒想到一封又一封寄自臺灣的信與電話，讓她早已平靜的心，再起波瀾。陳寶玉接到楊思標的來信沒多久，楊思標最寵愛的長女楊葆萩也連絡上她。兩人在電話裡長談，楊葆萩懇切的希望寶玉阿姨能回臺灣照顧父親，和父親楊思標共度餘生。陳寶玉高齡九十歲的父親也來勸說，希望女兒能有個老伴，相依終老。

1984年，楊思標一路追到美國，一句句懇切的「跟我回來吧！」打動了陳寶玉的心，也讓獨身多年的她，終於鼓起勇氣走向婚姻，兩人在美國芝加哥公證結婚，隨後飛往日本探望陳寶玉的胞妹及恩師桂重鴻，返臺後，陳寶玉開始了「楊夫人」及楊家長媳的生涯。

「這是我人生旅程的意外，當時父親很希望我能有個老伴，加上我和楊相識多年，知道他人很老實、親切、可靠，是可以依賴終身的。」陳寶玉說。

這場黃昏之戀，時隔四十年，六十五歲的楊思標，牽起六十歲的陳寶玉，當年如此壓抑、不被允許的情懷，終於可以大大方方的認愛，再執手，青絲已華髮，情義猶然在。

彼此適應新生活

楊思標與陳寶玉雖在眾人的祝福下，再續前緣，但迎接倆人的，並非公主與王子「從此過著幸福快樂的日子」這般童話式的浪漫福音。

剛回到臺灣的陳寶玉，早已不適應亞熱帶氣候的悶熱潮濕、蚊蟲環伺，不論怎麼防範，依然被叮咬得處處紅腫，加上離開臺灣太久，完全認不得方位，買菜、辦事都成困擾。楊思標則對這位初戀情人總搞不清「東西南北」、煮的餐食老不合胃口而感到苦惱。

長期獨自生活的陳寶玉，在美國僅靠著一只「大同電鍋」蒸、煮、滷，簡便料理餐食多年，也不知道

該如何滿足丈夫的味蕾。為了趕緊適應新生活，陳寶玉每天搭乘各路公車，加速「認路」，總算把臺北市的路都給摸熟了。緊接著，楊思標希望她去學廚藝，她開始打電話請教昔日同窗好友，學做各式菜餚。如此日日練習，不出兩個月，她再問楊思標：「那我現在還要再去學做菜嗎？」這才見楊思標滿意的說，不用了，已經很好了。

儘管滿意夫人菜色，儘管當初好不容易把寶玉夫人帶回臺灣，但時任臺大醫院院長的楊思標公務繁忙，依然保留「因公忘私」的精神，有時開會、公出，無法返家吃飯，也忘了先跟夫人打聲招呼，因此經常上演，煮了一桌菜，卻苦等不到家中老爺來用餐的尷尬情景。

經過多次溝通、提醒，兩人總算找到彼此舒坦的方式。陳寶玉說，楊思標的女兒葆萩很體貼，每隔一星期都會來電關心：「阿姨，Are you all right ？過得好不好？」，後來，陳寶玉要她放心：「我不會離開臺灣。」

從彼此磨合到日漸熟悉，陳寶玉為楊思標帶來了

新的活力，人人看見楊思標，總是誇讚：「院長怎麼愈來愈年輕、愈來愈容光煥發！」

原本極愛炸物的楊思標，心臟血管一度堵塞、出了問題，但在寶玉夫人「少油少鹽兼顧美味」的悉心照顧下，心臟病用藥逐漸減少，楊思標恢復健康，體重減少了十公斤，有了標準身材，再加以漢藥養生調理，更顯神采奕奕，「我常跟他說，吃我做的菜，你會比較勇健喔。」寶玉夫人說。

公務繁忙的楊思標，有時忙到連外出剪頭髮的時間都沒有，於是央求老婆為他剪髮。起初，常有人說，「院長，你的髮型好藝術啊。」陳寶玉就在身後偷笑，而不管髮型是否「正統」，楊思標也樂於享受夫人為他剪髮、洗髮時獨有的放鬆感，這位家庭剪髮師一剪十年，直到1998年，陳寶玉罹患大腸癌為止。

當時陳寶玉感到身體不適，楊思標立刻為她找來醫界好友，時任孫逸仙治癌中心醫院（和信治癌中心醫院的前身）榮譽院長的宋瑞樓醫師為她安排全身檢查，在她檢查時，宋瑞樓院長全程陪伴在旁，非常關心，這份恩情，她至今難忘。而長媳及次子楊錫欽夫

婦，雖非親生子女，卻也在得知她罹癌的第一時間趕赴醫院陪伴，楊錫欽更協助安排後續前往臺大醫院的住院及治療。在一家人的關愛下，腫瘤順利摘除，也幸為原位癌，尚未轉移，術後至今已十九年，未再復發。

夫人眼中的良醫

　　談起丈夫楊思標的醫術，早年曾在肺結核病房擔任過護理長的陳寶玉說，楊思標是個非常認真的醫生，醫治好許多人，特別是肺結核和肺癌的病患。有些醫師看不出肺結核及肺癌的差別，但楊醫師很厲害，他只要一看Ｘ光片加上問診，就能得知。

　　「每到過年、過節，總是有些我不認識的人，大老遠來探望楊思標。」有些看得出家裡很辛苦，還帶著小禮物來答謝，讓陳寶玉更為不捨，總輕聲告誡：「人來就好，楊醫師看到你們健健康康就開心了，別再送禮，我們不收禮喔。」

　　楊思標視病如親，在肺結核成災、致死率極高的年代，救治無數病患，也讓病人非常信任他，有些病

人連著三代、四代的子孫都指名要找他看病。

臺灣第一代公衛護士

不僅楊思標仁心仁術，總為病人設想，他的夫人陳寶玉也是古道熱腸的南丁格爾。第二次世界大戰期間，日軍利用中國俘虜在海南島從事採礦工作，但當地傳染病橫行、欠缺醫療人員，導致罹病者無醫可救，在國際紅十字會的關切、規範下，日本政府於是懇請臺北帝大醫學部部長——森於菟（日籍）徵召自願者，組織醫療團前往海南島。

身為護士的陳寶玉立即報名參加，也盼能有機會去看看被日軍徵召到海南島當軍伕的叔叔。當時有二十四名團員，包括十名醫師、十名護士、二名藥劑師、二名病理解剖助手，浩浩蕩蕩地前往海南島，展開為期三個月的服務。

到了海南島，才發現中國俘虜說北京話，而當時陳寶玉只會日語及臺語，所幸透過書寫，依然可以溝通。醫療團隊也為在地民眾施打疫苗，更協助診治被日本的營造會社組織騙去海南島工作的臺灣工人。

「那些臺灣工人經常沒東西吃，看了不忍心，我們就偷偷送吃的給他們。」

　　雖然陳寶玉最終沒能看到叔叔，卻在戰爭的醫療現場體會到生命可貴與尊嚴。返臺前，陳寶玉染上惡性瘧疾，身體極度不適，當時傳染病之嚴重，幾乎人人中獎，沒能挺住的，就到天上去了，所幸她返臺醫治後，慢慢痊癒。

　　除此之外，陳寶玉也是第一代經日人培訓的公共衛生護士。日治末期，總督府在臺灣推動「保健所」制度，招考、培訓公共衛生人才，共培訓了三期，陳寶玉是第二期學員，接受為期一年、極為嚴格的公衛護理訓練。

　　結業後，她全省跑透透，推廣公衛、做調查，也發生了不少趣事。當時，一般民眾對公共衛生的推廣非常陌生，陳寶玉一到其他鄉鎮，獨自住旅館時，也常被誤認為是來「賣膏藥」的，還常被問說：「小姐，妳今天要去哪個廟口賣膏藥？」

　　還有一回，在臺南新營，有位婦人慌慌張張的跑來告知，「有人中毒了，有人中毒了，很嚴重，已經

全身發黑了！」陳寶玉火速前往，才發現這位「全身發黑」的民眾，是位貨真價實的美國籍「黑人」。

在結核病橫行的年代，陳寶玉曾擔任臺大結核病房的護理長。她猶記得，第一次踏入六西肺結核病房時，即被現場的凌亂、骯髒給嚇壞了，甚至有病人直接在病房內隨意便溺。她觀察後發現，有些病人久病喪志，有些則是因為太無聊，才行為失當。

於是她尋求院內的精神科教授林宗義協助，希望能讓結核病友接受職能治療，更自掏腰包買材料，讓其中一位男病人去學習以「塑膠織帶」編織生活用品，學會後再當小老師，回來教其他男性病友。陳寶玉則利用工作之餘，教女性病友們編織毛帽、毛襪、手套等，也幫她們剪頭髮。

讓病人習技能、有寄託的同時，陳寶玉也邀院內打掃清潔的婦人，「我們一起來整理病房好嗎？」從病房到倉庫，陳寶玉足足清理了兩個月，她的用心與拚勁也感動了所有病人，終於讓六西肺結核病房煥然一新，倉庫井然有序。

譜寫生命奇蹟

九十三歲的陳寶玉，回首六十歲才初為人妻的自己，也曾在受挫的關係中，不免懷疑，當初選擇回臺灣到底是悲是喜？但她最終理解，「上了船，就要坐到底，要『順命』。」而歷經與丈夫的磨合，到擁有楊家一家人的愛戴與幸福，她說，「這些孩子們真的都很好，而到今天，我還是很尊敬他（楊思標）的。」

時光一瞬，楊思標與陳寶玉已結縭三十三載，順命服老的陳寶玉微笑說著：「三十年好快啊，無形之中我也變成九十多歲的老人了。現在就等『天公伯的請帖』，請帖到了，就到天上去。」

兩人歷經二次世界大戰的無情砲火、改朝換代的白色恐怖，又分別罹患過致死率極高的肺結核、惡性瘧疾、心臟病、大腸癌……，卻一路挺了過來。或許光是活著，能為臺灣醫療奉獻心力，最終相伴偕老，就是生命最豐厚的恩賜與奇蹟。

❶ 日治時期稱「看護婦」，光復後改用美制稱為「護士」，現今已考取證照者稱為「護理師」。

❷ 農復會是以推動中華民國農村復興為目的而成立的機構。依據美國1948年援外法案之援華法案第四〇七條，由中華民國與美國聯合組成。1978年中美斷交，美方照會臺灣終止雙方農業合作，並停派美籍委員，農復會於1979年結束，其後改組為「行政院農業發展委員會」，1984年與經濟部農業局合併改組為「行政院農業委員會」。

東遷培育護理人才

　　花蓮慈濟醫院啟業之初，醫師難找，護理人員也難尋，加上東部就學及工作機會少，因而頻傳少女被迫從事不良行業事件，讓證嚴法師更想在花蓮創辦一所護理學校，培育東部少女習得一技之長。

　　當時臺灣已有七十五所專科學校，四十一所大學和學院，但是全臺面積最大的花蓮縣，因為人口少，高中之後的教育，卻只有花蓮師院和大漢技術學院兩間學校，東西部的教育落差非常大。為了東部的醫療、就學、就業機會，籌建護理專校，更顯刻不容緩，在證嚴法師鄭重請託下，楊思標二話不說地投入慈濟護專的籌備工作。

　　1989年8月，「慈濟護理專科學校」在眾人的護持下，開學了，全臺兩萬多位慈濟人來為一百零七位新生祝福，殷切期許並護持慈濟創辦的第一所學校。

護專第一年先招收二專部學生，隔年起招收五專部學生。

在理想人選尚無法離開現職，而前來就任的緊迫情況下，楊思標毅然扛起了第一屆校長的重責，以七十高齡披掛上陣，舉家搬遷花蓮，整整住了一年多，專責校務。直到第二年邀請到沙鹿弘光護理專科學校的教務主任張芙美來擔任校長，楊思標才圓滿移交校長職務。

在第一屆護專學生的眼裡，這位校長很不一樣，雖是名醫，卻十分親和、沒架子。「楊校長上起課來很專業，很有日本醫師的莊嚴感，但是一下講臺，他又很親切，可以跟我們話家常，對我們非常好，像對自己的孩子一樣。」第一屆校友，也是花蓮慈院外科加護病房的護理長鄭麗娟說。

創校維艱　名醫兼老師

楊思標回憶護專創校時的難處，想找教師來花蓮專任，相當不容易。為了強化醫療專業教育、彌補師資不足，當時慈濟醫院的院長、醫師們，幾乎全都進

場，一人分飾多角，當起神力超人，醫療問診之外，也為護專同學們傳授基礎課程，甚至兼任學校行政職務。

當時楊思標不僅擔任護專校長，同時也在花蓮慈濟醫院擔任特別門診的主治醫師、協助判讀院內的胸腔X光片、帶領醫師及學生判讀X光片、關懷肺結核病人等。

護專第一學期的「生理病理學」，就是由楊思標校長教授「細胞的組成與功能」；慈濟醫院院長曾文賓親自講述「血壓與循環」；陳英和醫師帶領「免疫系統」課程；郭漢崇醫師則教導「水與電解質的恆定」……等。

值得一提的是，這群「一人分飾多角」，卻從不喊苦喊累的菁英教師，有許多來自臺大醫院。他們原本已升任或即將升任臺大主治醫師，卻在1988年夏天，做了改變一生的決定：捨棄臺大名醫及未來成為臺大教授的光環，紛紛投入啟業僅兩年的花蓮慈濟醫院。他們與理想簽約，以拓荒者的心情為後山醫療奉獻心力，這群人包括泌尿科郭漢崇、整形外科簡守

信、內科黃呂津、家醫科王英偉、心臟外科蔡伯文和趙盛豐等人。

在楊思標的努力下，來自臺大、國防醫學院的教授、督導、護理界的大老——臺大護理系的陳月枝、周照芳、黃璉華等都前來花蓮傾囊相授。回顧當年，校友鄭麗娟說：「那是很難得的黃金陣容，所有教科書上的作者，突然跳出來現身說法，這些有名的教授、主任、督導都來幫我們上課。」

還有一幕讓學生難以忘懷的教室風景。

最初上課，楊思標校長總是親自坐在教室後面和同學們「一起聽課」。第一屆校友王琬資猶記得，每位老師來上課時都會提到：「因為是楊校長邀請，所以排除萬難，我都一定要來，但是校長坐在後面，其實我們壓力很大，一定也會為大家好好上課。」開學初期，楊思標幾乎堂堂跟課、親自坐鎮，只為觀察學生反應，確認課程安排是否符合需要，是否有需再調整之處。

而這些受邀的「名師」，當時宛若空中飛人，每週從北部、西部飛來花蓮上課。「如果不是楊校長，

我們不會遇到這麼多這麼棒的老師，當時我跟我同樣護校畢業，就讀其他護專的同學講，他們都覺得不可思議，怎麼會有那麼好的老師幫我們上課，非常羨慕。」王琬資說。

曾任臺大醫學院院長的楊思標，長年投入醫學教育，也一心要為慈濟護專的學生做「最好的安排」，那股事必躬親的熱誠與在意，不論在專業教育、品德養成及課外關懷上，他樣樣盡心。他明白證嚴法師的初心與東部醫護不能等的急切，只求讓這些從臺灣四面八方遠道而來後山求學的孩子們，能安心定神，學有所長，將來也願意奉獻偏鄉。

初來乍到的學生

第一屆校友鄭麗娟說，原本在護校成績優異的她，自家鄉臺南北上參加招生博覽會時，心裡想報考的是一間歷史悠久、評價佳的護專，但一到了招生現場，卻被慈濟攤位上一群穿著藍衣旗袍的師姊所吸引，「她們看起來非常有氣質，只要一報名，師姊就會熱情的為報名者丈量制服尺寸。」鄭麗娟說，而更

重要的是慈濟提供「公費」就學及每月三千元的零用金。因為父親中風,又身為家中長女,鄭麗娟想減輕家裡負擔,當下決定就讀慈濟。

　　新生報到那天,鄭麗娟一大早從臺南坐巴士到臺北,但錯過自強號,只好改搭莒光號到花蓮,心想應該也很快,不會差太多吧,但萬萬沒想到將近六、七個小時的車程,抵達時已天黑,早已錯過報到時間。一個人扛著沉重無比的行李,「我一到宿舍,眼淚就掉下來了,心裡想著,自己到底是來到了什麼地方,怎麼會離家這麼遠?」

　　王琬資同樣也是因為父親生病,想儘早自力更生、好為家庭付出而選擇以公費就讀慈濟護專。來自臺北的她,猶記得當年的學校「前不著村,後不著店」,校門外的建國路上,連路燈都沒有,一到晚上,一片漆黑。有一回,她跟同學騎腳踏車,想從學校騎到黃昏市場,騎了好久好久,愈騎愈黑、愈害怕,又騎了回來。「剛到花蓮時真的很不能適應,整個環境非常落後,沒有路燈,沒有商店,不像臺北非常明亮、熱鬧,這裡從傍晚就開始黑漆漆的,只有市

區有一家三商百貨，後來還被大火給燒毀，這才知道為什麼人家一直說花蓮是『後山』。」

這「後山」還有一個特色，地震頻頻。有一回搖得特別厲害、特別久，外號「Number one」的同學，嚇得口中振振有詞：「阿彌陀佛、阿彌陀佛，我不能死，我不能死，我不能那麼早死！」大夥怕得躲在桌子底下，一整晚沒睡好。而草創的校園內，校舍仍在施工中，沒有倚欄一望的青山美景，同學們第一年住在慈濟醫院的護理宿舍，第二年則搬到醫院的二期大樓，每天搭乘巴士專車往返學校。

對這些初來乍到的學生而言，害怕、陌生、擔憂多於好奇探索，要如何安撫這些遠道而來的孩子們呢？楊思標的「定心」法寶一一出爐。

和校長一起去爬「慈悲喜捨山」

怕學生思鄉情傷，楊思標情商教官為學生安排休閒人文活動，也經常和夫人陳寶玉一起帶著學生去鄰近郊山爬山，或去水源地、三棧溪踏青，藉此親近花蓮的好山水，順道強健學生體能。每每楊思標上完

「人生哲學」課，便開心地邀請大家：「明天放假，我們一起去爬『慈悲喜捨山』！」臺下也一片歡呼應和，好耶，明天去爬慈悲喜捨山！

「慈悲喜捨山」是楊思標為慈濟護專後面的小山所起的暱稱，他受證嚴法師感召而全心投入護專創校，也希望這群護專的孩子們時時銘記，醫護的初心是慈悲。

關於爬山，夫人陳寶玉笑著說：「山高不到兩百公尺，也都是寬敞大路，但有一回，才剛到起點，還沒開始爬山呢，有個孩子突然哭了，說自己不敢爬山，怕爬不上去，於是又趕緊請警衛護送那位學生回宿舍。」

而同學們印象最深的則是，每次跟著校長夫婦爬山，總有好吃的！沿著石子路拾級而上，沿途樹木、花草扶疏，每次經過原住民住家，他們總是很熱情的拿出自家種的蔬菜、水果給校長，還遞送茶水，所以大伙兒總是很開心的吃起水果、喝茶解渴。而更神奇的是，「校長雖已年過七十，但他的體力都比我們好，我們已經氣喘吁吁了，但校長夫婦臉不紅、氣不

喘，還一個一個來關心我們。」

除此之外，楊思標為了讓學生更瞭解東部的醫療網絡與現狀，特地安排了一趟兩天一夜的「東部觀摩見習之旅」，行經自強外役監獄、卓溪鄉衛生所、玉里榮民醫院……等。「校長還請卓溪鄉衛生所的護理長幫我們簡介『公共衛生』是在做什麼，最後在知本溫泉的旅館住了一晚，再回到花蓮。」王琬資說。

大愛無私的懿德媽媽

慈濟護專頭兩年，大部份是西部的孩子前來就讀。楊思標說，當時之所以能安住孩子們的心，讓她們可以在「後山」好好學習，證嚴法師獨創的「懿德母姊會」人文教育是非常重要的支撐與慰藉。

慈濟護專第一屆學生入學後，證嚴法師即選拔資深的女性慈濟志工（委員），成立「懿德母姊會」進入校園關懷孩子。「懿德」指的是母儀天下的品德，證嚴法師期許這些委員們能以母親的心來愛護這群護專的孩子，能視如己出，跨越年齡和孩子們打成一片，傾聽孩子的心聲、給予關懷，並成為典範。

於是第一批來自全臺各地的三十六位「懿德母姊」們，開始每個月不辭辛勞的前往花蓮慈濟護專，啟動愛的支持。當時每九到十位學生分成一組，每組有三位懿德媽媽陪伴、關懷。「她們經常帶自己做的點心、食物給我們吃，關心我們在學校的學習、生活狀況，也會帶我們去訪貧、打掃；去精舍生活體驗，做蠟燭、香皂等。懿德媽媽對我們非常好，像家人一樣，久了也就沖淡了我們想家的念頭。」王琬資說，每每到了寒暑假，這些家住臺北或西部的懿德媽媽們，還會邀請同學們去她們家裡玩，也認識她們的家人，大家打成一片，真的很溫暖又快樂。

　　校友鄭麗娟最難以忘懷的，則是第一次跟著懿德媽媽去訪貧（探訪感恩戶）、打掃。那是一個獨居老人的家裡，讓她第一次體驗到什麼是「家徒四壁」。空蕩蕩的破屋裡只有一張桌子，電鍋裡的飯也臭酸了，卻仍捨不得扔。

　　「我很驚訝，怎麼會有這麼辛苦的人，看了滿難過的，真的是見苦知福，才知道自己還算是過得很好的，要惜福。」鄭麗娟說，跟著懿德媽媽去訪貧打

掃、去精舍看師父們這麼簡樸且自食其力的做蠟燭、香皂，當時才覺得，慈濟真的有在做事且真心付出，「他們的錢，募得如此不易，卻都用在刀口上。」

然而，更讓鄭麗娟感動的是，「我後來才知道，當時這些懿德媽媽都是證嚴法師親自挑選的。不管懿德媽媽是臺北人、西部人或花蓮人，她們對我們就像對家人，也會教我們一些行住坐臥的禮儀。她們非常無私，給了我們非常好的身教。」

無條件的愛與陪伴

「我們得到很多很多的愛，從校長、老師、懿德媽媽，甚至精舍的師父身上，都感受到很多的愛，所以也想把這樣的愛分享出去。」

「他們就像家人一樣的愛我們……」

「回頭看，我們真的很幸運，不論是校長或懿德媽媽，他們是這樣不求回報的付出……」

「當時懿德媽媽做給我們每人一個『愛語利行』的木製坐牌，我到現在都還珍藏著。」

第一屆校友們聚會時，此起彼落回憶著過往的點

點滴滴。

楊思標也同樣在籌備護專、擔任校長的期間，對慈濟有了更深刻的理解與感動，他相信護專孩子們在這群無私付出的「懿德母姊」守護下，日後必定能成為更懂得愛與關懷的護理人員。

「懿德母姊會」後來因為有男性志工的加入，更名為「慈誠懿德會」。從最初的三十六位到現今一千餘位成員，依然以大愛守護著慈濟的二所大學、二所慈濟中學的眾多學子，這是臺灣教育史上的創舉，更是慈濟教育志業獨樹一幟的人文風範。

實踐「愛語利行」

兩年護專畢業後，王琬資投入花蓮慈濟醫院白衣天使的行列。一心想付出的她，遭遇的第一個難題是：天性文靜害羞，要如何主動關心病人呢？

「我很努力地想，到底要跟病人說什麼？要怎麼安慰他？一開始實在很困難，所以我就很認真的練好我的護理技術，讓病人從這個技術中感受到我的用心、真的有在幫他。」就這樣慢慢歷練，王琬資也因

為這份工作轉變成今天別人眼中「親切、大方、活潑」的模樣。

王琬資仍記得，她在實習時，有一回病人突然跟她說，「護士小姐，妳今天怎麼沒有開心的笑？」。她這才突然驚覺，原來她每天看到病人，滿面笑容歡喜的道早安、問候，其實對他們是意義重大的。

「病人跟我說，我只要看到妳的笑容，病都好一半了。這件事影響我到現在，就算是心情不好，只要我一踏入護理職場，一定笑容以對，所以大家都覺得我很愛笑。因為我相信如果我開心的走進病房，病人也會感受到這份歡喜，幫他做護理時，他也不會覺得那麼痛。」

王琬資也鼓勵妹妹王琬詳前來慈濟護專就讀，在兩年的學習下，這所學校對她而言，早已不是又偏遠又落後又漆黑，地震又多的「後山」學校，而是一所教導專業、充滿愛、溫暖與無數內在光亮的理想校園，是一所「打著燈籠都找不到的好學校」。

這對來自臺北的兩姊妹雙雙畢業於慈濟護專，已在花蓮服務超過二十五載。妹妹王琬詳仍任職於花蓮

慈院，姊姊琬資則服務於光復鄉衛生所，被稱為「光復鄉有史以來最親切的護理長」。

慈濟護專為花東培育了無數位像她們一樣優秀、充滿愛心的白衣天使，當年，懿德媽媽做給每位護專孩子的「愛語利行」木牌，早已銘印在她們心中，化為行動，照拂著花東與臺灣各個角落的病患。

護理人才 東部扎根

楊思標認為優秀的護理人才，最重要的是愛心、耐心及一顆真摯的服務心，而這正是慈濟一直以來所推廣的人文精神。慈濟護專不僅提供專業的醫學及護理知識、深耕人文，更有慈濟「懿德媽媽」給予日常生活的支持與照顧，是對學生全方位的關懷。

更讓楊思標感到欣慰的是，不只一次，他遍佈全臺的「醫護眼線」向他誇讚慈濟所培育出來的護理師總是更有耐心、主動付出，從來不會對病人大小聲或漠視病人的需求。因為這些孩子有些來自清苦家庭，更在慈濟的人文教育中，體會到貧病相依的苦楚，而能將心比心。

慈濟護專設立之初就為家境清寒的孩子提供了助學方案，除了學費全免，供食宿，還可支領每月三千元的零用金；且畢業即就業，讓有心卻家貧的孩子也能一圓護師夢，憑藉著自己的力量改善家境、扭轉命運。

1999年，慈濟護專改制為慈濟技術學院；2015年再改制更名為慈濟科技大學，但依然保留慈濟五專部護理科，且這項清貧助學方案持續至今。

在少子化的時代，各個學校擔心招生不足，但自1996年開辦的「原住民專班」，現在卻是競爭激烈、炙手可熱，錄取率僅約百分之二十四至二十七。可見，只要提供機會，每個孩子都想透過努力，改變未來。

在慈濟創立的第一所學校──「慈濟護專」不斷躍進的里程碑裡，楊思標開啟了最重要的第一棒，後續接棒者盡心盡力，讓慈濟護理在這二十八年來，培育出許多讓人讚賞的白衣天使，也讓護理人才得以在東部生根、茁壯，守護東部民眾的健康。

兩岸醫學交流暨中西醫整合

　　楊思標長年帶領臺灣年輕一代的胸腔科醫師，參加國際性胸腔病會議。他總是引介各國著名學者，彼此認識，有助於學術交流，並提升臺灣胸腔病學的水準以及國際地位。

　　他的學生陸坤泰、郭壽雄、李仁智及次子楊錫欽等，都曾一起出國參加國際胸腔醫學研討會，而讓李仁智印象最深的是，「我們常常一起出國開會，通常是連續三、四天的議程，我們偶爾會溜出去休息一下，但是楊教授很認真，他是從頭到尾都待在會場。」

　　楊錫欽第一次和父親出國，是前往日本東京參加亞太胸腔病學研討會，當時好幾位胸腔科的醫師同行，沒想到午餐時遇到亂流，飛機忽上忽下搖晃得很厲害，鄰座乘客已嚇得臉色發白了，楊思標卻老神在在，幽默說道：「坐飛機不搖一下，怎麼像坐飛機

呢。」瞬間緩解了大家緊張的情緒。

倡導中西醫學整合

1989年，楊思標自臺大退休後，為了瞭解大陸的
醫學教育及醫療制度，以臺灣醫學會理事長的身分，
率團赴香港參加國際醫學會議，並在會議之後，前往
大陸考察。

當時僅開放兩岸探親，學術交流尚未明文開放
❶，也無辦理兩岸旅遊的旅行社，此行是透過北京的
中華醫學會安排參訪行程，並由其一級職員全程陪
訪；中華醫學會的地方職員也協助地陪及解說。

一起出訪的還包括夫人陳寶玉、魏火曜夫婦、陳
炯霖夫婦、陳章義夫婦、鄭金松夫婦等前後輩好友，
對楊思標而言，是個難忘而特別的回憶。

楊思標一行人先從香港飛往北京，一抵達北京便
感受到中華醫學會的熱情，他們在人民大會堂裡舉辦
歡迎會熱切接待。之後，安排參訪北京協和醫院及中
國於1912年創辦的北京大學醫院。

結束北京行，楊思標搭乘他口中老舊顛簸的「破

飛機」前往西安、蘭州、成都，再坐巴士到重慶，前往著名的世界文化遺產、以佛像著稱的大足石刻，深深感受到文化藝術的震撼。結束重慶行，他們搭乘軍機到上海，再乘火車至杭州，搭飛機前往桂林，再飛廣州，最後回到香港，在中國關內足足旅行了一個月。

此次大陸行，讓楊思標大感驚訝的是，「當時大陸的整體環境、建設、公共衛生等，比臺灣整整落後二十年，但是卻很重視傳統中醫，許多大學醫學院設有中醫部。」他認為中國大陸中西醫結合的經驗，很值得臺灣借鏡。

早在1955年，中國即成立中醫研究院及中醫研究班。當時的領導人毛澤東盼以西方的近代科學來研究中國的傳統醫學，發展中國的新醫學。他希望西醫與中醫能有機的結合，不是一味地套用外國醫學，而是學外國織帽子的方法，來織中國的帽子。之後，中國在上海、北京、廣州及成都各建一所中醫大學。日後也展開「西醫學習中醫運動」，像是抽調一百到兩百位醫學院校的畢業生，集中學習全國知名中醫師的臨

床經驗，並要這些畢業生抱持虛心的態度學習中醫。

　　同時，組織專家發掘並整理中醫典籍、大量編寫中醫教材，成為中醫教育及西醫學習中醫的重要參考書，包括《中國醫學史講義》、《醫古文講義》、《中醫診斷學講義》、《中藥學講義》、《中醫方劑學講義》、《中醫內科學講義》、《針灸學講義》、《中醫婦科學講義》、《中醫兒科學講義》等書。這些行動，大幅提升了中醫醫學在中國大陸的發展。

　　反觀臺灣，最早提倡中醫醫學的，是臺灣第一位醫學博士——杜聰明先生，他也是第一位臺灣籍的臺大醫學院院長及臺灣大學代理校長，後來更創辦高雄醫學大學。杜聰明早在1928年即提議創設漢醫醫院，日後在他主掌臺大醫學院及高雄醫學院期間，幾番提議在附屬醫院內籌設中醫治療科，卻被批評為落伍、不科學，始終未被主事者接納。

　　九〇年代初期，楊思標積極推動中西醫學整合。儘管當時國內醫學界並不把中醫當一回事，認為中醫沒有科學基礎，甚者更視為旁門左道，但他依然大力支持學生黃明和創辦的「中西醫整合醫學會」，更擔

任第二屆的理事長。

楊思標擔任理事長期間，與黃明和、李春興等人，大力推動兩岸醫學交流。1993年，臺灣的「中西醫整合學會」與大陸的「中國中西醫結合學會」締結為姊妹會。中國中西醫結合學會的名譽會長——陳可冀，是中國科學院院士、中國聞名的國醫大師，他幾乎年年參與姊妹會在中國舉辦的研討會，共同推動兩岸醫學交流。

2010年，楊思標受邀擔任臺灣養生保健協會創始會長，依然與李春興博士持續推動醫學交流，自1990年至今，已舉辦一百梯次的中國學者來臺參訪或參與學術研討會，對兩岸醫學交流及中西醫整合的推動功不可沒。

中醫應從教育改革著手

1990年代，楊思標曾提出「臺灣新生代中醫教育之展望」，期盼教育部設置中醫教學醫院，建立中醫住院醫師訓練制度，日後才有能力執行及發展中、西醫結合之醫療，如此「教」、「考」、「用」的問題，

皆可迎刃而解。

　　他認為中醫科學的現代化，應該從教育改革著手，他多方研究，提出各種證據並積極奔走教育部、拜訪醫學院、四處演講。「我提了一個版本給教育部，當時的教育部長曾志朗覺得很好，但是送到教授中醫的醫學院，卻認為沒有相關的師資可以來教授（中西醫整合），因此作罷。」

　　楊思標推動中西醫整合，距離杜聰明先生想在臺大及高醫推動中醫診療（未果），已相隔七十年，距今則已近三十年，當時，楊思標即便以醫學耆老之姿，全力推動，卻仍顯困難重重，甚至有些同儕或後輩不免嘀咕：「楊教授退休後變得怪怪的。」可見有著千年傳統的漢醫學要走進現代醫學的殿堂，有多麼千山萬水，難以抵達。但他認為對的事，便以堅定的意志力勇往直前，絲毫不在意個人毀譽。

　　楊思標的三子楊錫銘（微生物學博士）說，「父親只堅持做對的事，只要他認為是該做的，他就一直做下去，他相信時間會證明一切。」楊思標則認為中、西醫應是可以同時進行，「像美國也發現癌症化

療的副作用很大，但中藥不是用來殺癌細胞，而是增加身體的抵抗力，如此才能有體力來抗癌。」

楊思標所草擬的新制中醫學系教學課程及培育規畫，也在醫學院院長會議上提案，呼籲醫學教育應朝中西醫整合的方向邁進。雖然當時沒有獲得正面回應，甚至有些不同的聲音，但是他的行動力及影響力，卻為往後二十年的中西醫學整合及發展奠定了不可抹滅的根基。

西醫救急，中醫養身

楊思標認為西醫在急症的處理上有很大的優勢，然而在治療疾病的原理上，主要採取攻擊模式，當細菌或病毒不斷產生變種，或病人產生抗藥性時，就必需使用更強更毒的藥劑來滅菌，這也是抗生素愈用愈重，醫療費用年年上升的原因之一。

反觀中醫，楊思標笑說：「把脈當然不會知道你有沒有罹患肺結核，但能知道你身體的體質，能幫助你增強抵抗力。」中醫擅長以辨證論治，依個人不同的身體狀況，調配專屬藥方。中醫所強調的是身體的

整體調養、提升免疫力；對人體使用的觀點，是預防勝於治療、食補勝於藥物；更深層的哲學觀則是順應自然。

有些慢性疾病很適合嘗試中西醫整合療法，而當疾病無法根治時，如癌症，中醫療法可以同時協助病人增強體力或減緩痛苦。楊思標也曾遇過有些同時以中西醫療法來醫治的癌症患者，比醫生預估的多活了四、五年，「但是只要是急性、急症，還是得靠西醫。」他強調。

他提到自己六十餘歲時心臟血管塞了一條，血壓也偏高，那時每天要吃五種西藥控制，後來透過中藥、運動及飲食調養，讓身體的各項指數維持正常，而不再依賴藥物。

楊思標認為在全民健保時代，中醫非常適合作為社區醫療照護的主責醫師，特別是針對老人醫療保健領域，可以充分發揮長才，與家醫科醫師共同作為基層醫療的保護網。

而中醫師如果在細心問病、把脈之外，同時也在西醫師的協助下，利用社區常備的診斷儀器（如 X 光

機、心電圖、超音波及一般臨床檢驗、病理檢查等）作出病名診斷，就能採以「辨證論治」，以中藥、針灸、氣功等來醫治。他非常鼓勵中、西醫師勇於執行或開發結合中、西醫優勢的整合療法。

經常參與醫學國際會議的楊思標，觀察現今美國及日本的醫學教育也在改變，多以現代醫學（西醫）為主，中醫為輔，朝向中西醫結合的治療方式，提供病人更多治療的選擇。

走往中國偏鄉 開啟兩岸交流

楊思標自訪問中國後，開啟了往後長達二十多年的兩岸醫療學術交流。有趣的是，他的中國行旅地圖既不是名勝、古蹟，也不是最新最大的醫院，而是一張沿著肺結核開展的尋病踏跡之旅。他的足跡從最偏遠的貴州、西藏、蒙古、雲南到沿海一代的城鎮，哪裡肺結核病患多，他就往哪裡去。

2007年，他首次前往貴州，當時的景象讓他大為震撼。「那裡大部分是少數民族，住在山上，交通也不方便，我們的車子到不了聚落，還要再走半個多小

時的山坡路才能到村落。」他對當地的貧困生活及窘迫的醫療設備感到相當訝異與不捨，於是帶頭出錢出力，一方面改善他們的醫療衛生條件，一方面培訓當地的醫師與技術人員。

這十年來，楊思標多次前往貴州，培訓在地衛生員，更募資了二百一十萬人民幣（約一千二百萬新臺幣）協助貴州省的從江縣、黎平縣興建了二十五所衛生室、同時添購醫療儀器及設備，讓至少三萬多位村民受惠。

2016年11月，楊思標又冒著嚴寒前往貴陽教學，針對村鎮醫務人員及近三百位第二中醫大學的師生，展開「胸腔X光（CXR）判讀教學」，並贈送教學光碟。這份「CXR判讀指引教學」光碟片是累積了楊思標七十多年來的臨床診斷經驗製作而成，無私且無償的提供給中國醫學界，讓在場的師生深受感動。

2017年3月，楊思標與李春興飛往北京開會，會後搭乘高鐵前往杭州，沿途看到江南各大都市及郊外農村的建設已非常現代化，他強烈感覺到中國的進步神速，也觀察到中國大陸現在的發展已不輸臺灣，不

論在經濟、科技、建設等方面都有聲有色，臺灣更應
該急起直追。

---

❶ 臺灣在 1987 年 11 月 2 日開放兩岸探親；1990 年開放大陸學術文化
來臺交流。

百歲的生日願望

　　問起楊思標，是什麼力量，讓他超過三十年不辭辛勞，每週持續來花蓮慈院帶領年輕醫生及學生？

　　他卻覺得這不是什麼了不起、可以拿來炫誇的事，「當年答應了，覺得有意義，就來了。」而在他眼裡，功勞最大的，是慈濟副總執行長林碧玉和他的同班同學——杜詩綿院長。

一生最好的朋友

　　「付出最多、功勞最大的是杜詩綿；他比我聰明多了，連畢業成績都比我好。」談起已逝故友，楊思標難掩感傷，他與杜詩綿從日治時期臺北高等學校、臺北帝國大學醫學部同學，到同年進入臺大醫院、花蓮慈濟醫院共事，超過一甲子的相知相惜，相處時光甚至勝過家人，兩人情誼深厚，不僅工作相依，也是

彼此的球友、餐友、此生最好的朋友。

　　當年楊思標擔任臺大醫院院長時，在他眼裡始終比他優秀的杜詩綿卻願意委任副院長，一路幫他，這份情義，讓楊思標至今難忘。兩人同時與慈濟結緣，杜詩綿決定來花蓮慈濟服務，楊思標也一路相挺，延續至今。或許這條路上，除了楊思標原本俱足的濟世心，也有著難捨的故人情，讓他始終如一的為慈濟付出。

　　1983年，好友杜詩綿正為慈濟緊鑼密鼓地籌建醫院時，卻罹患肝癌，發現時已是末期，醫師預估僅剩三個月餘命，他依然在證嚴法師請託下，擔起花蓮慈濟醫院第一任院長的重責，且奇蹟似的又活了五年，成功扶持花蓮慈濟這個初起步的醫院通過嚴格的評鑑，成為準區域醫院。杜詩綿院長在他人生最後這五年，毫無恐懼的活出生命的光彩。

　　楊思標說，「他（杜詩綿）當時沒有做化學治療，而是吃白蘆筍及中藥——片仔癀來調理身體。至今我仍相信，他奇蹟似的能夠延長、充實此生中最有意義的五年生命，完全是他的精神力及信仰增加了身

體的抗癌力所賜予的。」

醫師醫病不醫命

　　談起生死觀，楊思標笑稱，過去只有皇帝追求「長生不死」的祕方，然而現今醫學發達，從達官貴人到平民百姓，也起了「不老不死」的夢想。「但是『生者必死，盛者必衰』，這是宇宙運行的原則，醫生只能醫病不能醫命，也不應想創造生命。」

　　楊思標認為，每個人能盼望且有權力盼望的，應該是「有生之日能健康的過活」，要達到這個目標，一半要靠自己，一半要靠進步的醫學，包括中醫。

　　什麼是靠自己呢？每天清晨五點三十分，九十八歲的楊思標已穿上運動鞋，邁出家門，沿著巷道走上一圈，到了定點，彎腰轉膝，以簡單的健身操帶動筋骨，這是他一天的開始：晨起運動四十五分鐘。

　　回到家，他與夫人的健康早餐是以五種水果、三明治，加上牛奶麥片或黑芝麻糊。午餐簡單吃些蔬果、三明治及果汁，晚餐則是二到三樣綠蔬、一魚一雞加上米飯。三餐定時且清爽，定期補充維他命或保

養關節的營養品。「更重要的是，維持標準體重，保持愉快的心，持續為老百姓付出。」楊思標說，這是他的健康生活日記，也是他神采奕奕的祕方。他更鼓勵，退休後，依然可以奉獻社會、當慈濟志工。

「養生之道，保健為先；養身在動，養心在靜；起居有序，飲食有節；挺胸闊步，悠悠自在；順應自然，笑口常開；宏觀處世，以和為貴；心寬念純，知足惜福；健康長壽，樂樂在望。」這是楊思標十年前寫下的養生箴言，奉行至今的自我保養及處事良方。

要如何運用進步的醫學呢？楊思標建議，人人在退休前都該做一次全身性的身體檢查，包括眼耳鼻在內的健檢，如果有任何缺點，就可以提早預防、治療，而不要等病了再找名醫。像是，透過健檢若發現白內障的徵兆，就可以提早治療。「不要因為害怕而逃避檢查；一旦生病了，對症治療，依然有機會。」

楊思標坦言，在醫療現場，他看過不少病人不是病死的，而是過度喪氣「等」死或「怕」死的。他更呼籲醫師們務必實行健康生活，注重預防醫學及健康管理，以身作則，享受天壽，不然，醫師自己夭折、

自身難保，要如何取信於大眾，醫學能增進人類的健康呢？

　　儘管九十八歲了，楊思標的日常生活依然相當充實，除了每週四前往花蓮、週五參加花蓮慈院病例討論會、指導醫學生外，他每個月定期前往臺北市立聯合醫院和平婦幼院區、桃園敏盛醫院、彰化秀傳醫院、臺中慈濟醫院、嘉義大林慈濟醫院，以及臺南市立醫院，以胸部X光及病歷帶領討論教學。

　　楊思標每天看日本NHK新聞、大愛電視臺及報章書籍，活化腦力，也關心世界大事。他手邊正忙著研究病例、整理製作第三張「胸腔X光（CXR）判讀之指引」光碟，預計2018年春天發行。

人生最驕傲的，就是來慈濟

　　楊思標自臺大醫院退休後，持續三十年來投入花蓮慈院，使他對慈濟更加理解，也對證嚴法師所帶領的慈濟志業，從涓滴意念匯聚成的廣闊福海，深深感佩。

　　「我當醫生超過一甲子，但最感到驕傲的，就是

來慈濟！」楊思標感性的說，「這些年來看到慈濟的精神與大愛貫通全球，在濟貧、醫療、教育、天災救援、人文關懷上的種種付出，非常了不起。大愛電視臺出現後，傳播更快，也展開對全球的關懷、救援及影響，真的非常敬佩證嚴法師。」

　　他說，他人生第二階段的目標是要為社會付出、工作到一百歲，「要做到一百歲，才是第二次退休喔，而就算是百歲，只要走得動，我還是要來慈濟。其他地方都不去了，只要來慈濟。」這是一生奉獻給臺灣醫療的楊思標教授，百歲的生日願望。

楊思標教授 年表

| 1920 年 | 6 月 4 日出生於新竹市

| 1926 年 | 就讀新竹第一公學校

| 1933 年 | 就讀新竹中學

| 1936 年 | 就讀臺北高等學校

| 1939 年 | 就讀臺北帝國大學醫學部（第四屆）

| 1942 年 | 任臺北帝國大學醫學部內科 無給副手

| 1945 年 | 任國立臺灣大學醫學院內科 助教

| 1945 年 | 與張雲鬘女士結婚

| 1945 年 | 長子楊錫釗出生

| 1947 年 | 長女楊葆萩出生

| 1948 年 | 次子楊錫欽出生

| 1950 年 | 美國丹佛猶太醫院進修

| 1951 年 | 任國立臺灣大學醫學院內科 講師

| 1952 年 | 叁子楊錫銘出生

| 1953 年 | 獲日本新潟大學醫學博士

| 1954 年 | 任國立臺灣大學醫學院內科 副教授

| 1957 年 | 任國立臺灣大學醫學院內科 教授

| 1958 年 | 任國立臺灣大學醫學院 醫技系及實驗診斷科 主任

| 1963—1984 年 | 任美國胸腔醫師學會（ACCP）臺灣分會 督導

| 1963—1984 年 | 任美國胸腔醫師學會中華民國分會 會長

| 1964—1965 年 | 任省立臺中醫院 院長

| 1965 年 | 任美國紐約州立大學 DOWN STATE 醫學中心 客座教授

| 1971 年 | 第二屆亞洲太平洋胸腔病學會會議（APCDC）會長

| 1972 年 | 任國立臺灣大學醫學院附設醫院 副院長

| 1978—1984 年 | 任國立臺灣大學醫學院附設醫院 院長

| 1979—1985 年 | 任中沙醫療團 團長

| 1982 年 | 楊妻張雲鬢女士病逝

| 1983—1985 年 | 任國立臺灣大學醫學院 院長

| 1984 年迄今 | 任花蓮慈濟醫院 董事

| 1984—1989 年 | 任臺大景福基金會 董事長

| 1984 年 | 與陳寶玉女士結婚

| 1985—1986 年 | 任行政院衛生署 顧問

| 1986—1989 年 | 任臺灣醫學會 理事長

| 1988—1990 年 | 任臺灣醫院學會 理事長

| 1988 年 | 任中華民國醫院行政協會 理事長

| 1989 年迄今 | 任國立臺灣大學 名譽教授

| 1989—1990 年 | 任慈濟護理專科學校第一任 校長

| 1990—1999 年 | 任慈濟護理專科學校 董事

| 1994—2002 年 | 任中華民國防癆協會 理事長

| 1996—2002 年 | 任中華民國中西整合醫學會 理事長

| 1999—2012 年 | 任慈濟技術學院 董事

| 2010 年迄今 | 任慈濟學校財團法人 董事

參考文獻

· 楊思標（總編輯）(1985)，楓城四十年：國立臺灣大學醫學院四十週年紀念特刊。臺北：國立臺灣大學醫學院、臺大景福基金會

· 國立臺灣大學醫學院內科（主編）(1989)，楊思標教授榮退紀念特輯暨論文集。臺北：國立臺灣大學醫學院內科、中華民國胸腔病學會

· 莊哲彥（執行編輯）(1995)，臺大醫院壹百年。臺北：國立臺灣大學醫學院附設醫院

· 莊哲彥（執行編輯）(1995)，臺大醫院百年懷舊。臺北：國立臺灣大學醫學院附設醫院

· 林吉崇(1997)，臺大醫學院百年院史.上,日治時期（一八九七-一九四五年）。臺北：國立臺灣大學醫學院附設醫院

· 臺大醫學院百年院史（中冊）編輯小組(1998)，臺大醫學院百年院史.中,光復後（一九四五-一九九七年）。臺北：國立臺灣大學醫學院附設醫院

· 臺大醫學院百年院史（下冊）編輯小組(1999)，臺大醫學院百年院史.（下冊）——系科所史。臺北：國立臺灣大學醫學院附設醫院

· 張子文、郭啟傳、林偉洲 (2003)，臺灣歷史人物小傳——明清暨日據時期。臺北：國家圖書館

· 靜思人文、大愛電視臺編著 (2009)，醫世情。臺北：靜思人文

· 國立臺灣師範大學 (2009)，臺北高等學校 1922_1949 網站。臺北：國立臺灣師範大學

· 川島真解題．許佩賢譯 (2010)，一個醫學系教授的臺北帝大時代——臺北帝大醫學部第二內科教授桂重鴻的事蹟。臺北帝國大學研究通訊，第二號

· 劉士永 (2013) ，戰後臺灣中西整合醫學發展的蹟路：以杜聰明與楊思標為例。中醫藥雜誌，201312 特刊一期，111-122 頁

· 新竹市文化局 (2014)，人物誌網頁——楊良。新竹：新竹市文化局

· 游繡華、吳宛霖 (主編)(2016)，醫愛三十．莫忘初衷。花蓮：佛教慈濟醫療財團法人．花蓮慈濟醫院

· 中文期刊部慈濟史編撰小組 (2016)，與理想簽約。慈濟月刊，2016 年 9 月號，20-29 頁

· 王廣福 (2016)，上山下海，完善在地醫療一李建廷。高雄醫學大學 e 快報，第 289 期

國家圖書館出版品預行編目資料

百歲醫師以愛奉獻：楊思標教授的醫者之路 / 楊金燕著. -- 初
版. -- 臺北市：經典雜誌, 慈濟傳播人文志業基金會, 2017.12
　208面 ； 21*15公分
ISBN 978-986-6292-94-1(平裝)

1.楊思標 2.醫師 3.臺灣傳記

783.3886　　　　　　　　　　　　　　106024109

百歲醫師以愛奉獻：楊思標教授的醫者之路

作　　　者／楊金燕
發 行 人／王端正
總 編 輯／王志宏
叢書主編／蔡文村
叢書編輯／何祺婷
責任編輯／曾慶方、楊金燕
美術指導／邱宇陞
美術編輯／黃昭寧
內頁排版／極翔企業有限公司
校　　　對／佛教慈濟醫療財團法人人文傳播室
出 版 者／經典雜誌
　　　　　　財團法人慈濟傳播人文志業基金會
地　　　址／台北市北投區立德路二號
電　　　話／02-2898-9991
劃撥帳號／19924552
戶　　　名／經典雜誌
製版印刷／禹利電子分色有限公司
經 銷 商／聯合發行股份有限公司
地　　　址／新北市新店區寶橋路235巷6弄6號2樓
電　　　話／02-2917-8022
出版日期／2017年12月初版
　　　　　　2019年 6 月再版三刷
定　　　價／新台幣280元

【醫療】
MEDICAL
【人文】